Exerting Forceful Pioneer Effect
Establishing Common Marine Silk Road

释放先导效应
共建海上丝路

——泛北部湾经济合作回顾与展望

Review and Prospect of
Pan-Beibu Gulf Economic Cooperation

主　编　吕余生　　副主编　梁金荣

广西人民出版社

图书在版编目（CIP）数据

释放先导效应　共建海上丝路：泛北部湾经济合作回
顾与展望 / 吕余生主编.—南宁：广西人民出版社，2014.5
ISBN 978-7-219-08926-2

Ⅰ.①释… Ⅱ.①吕… Ⅲ.①北部湾－经济区－经济合
作－研究－广西 Ⅳ.①F127.67

中国版本图书馆CIP数据核字（2014）第 082484 号

策划编辑　温六零　严　颖
责任编辑　严　颖　庄湘琪　罗　雯
印前制作　麦林书装

出　版	广西人民出版社	
社　址	广西南宁市桂春路 6 号	
邮　编	530028	
发　行	全国新华书店	
印　刷	广西大华印刷有限公司	
开　本	787mm×1092mm　1/16	
印　张	13.25	
字　数	191 千字	
版　次	2014 年 5 月　第 1 版	
印　次	2014 年 5 月　第 1 次印刷	
书　号	ISBN 978-7-219-08926-2/F·1104	
定　价	50.00 元	

前 言

北部湾，一湾连海陆，一湾睦邻邦。历史上，北部湾曾经演绎过辉煌，也经历了风雨。当前，在经济全球化和区域经济一体化迅速发展的推动下，泛北部湾区域各国由于地理相邻、人文相通、文化相似等特点，进一步加强合作成为历史发展必然。如今，泛北合作风生水起，扬帆起航，成为世人关注的焦点。在北部湾开放开发的波涛奔涌向前，与经济全球化、区域经济一体化的时代大潮相互激荡、彼此交融的时刻，在广西正努力抓住共建21世纪"海上丝绸之路"和建设西南、中南开放发展新的战略支点带来的重大历史机遇，实施"双核驱动"，实现"两个建成"宏伟目标的历史时刻，广西北部湾发展研究院组织有关专家编写了《释放先导效应 共建海上丝路——泛北部湾经济合作回顾与展望》一书。

编写本书的初衷有3个：一是对泛北合作的重要进展和显著成效进行回顾和总结。从2006年首届"环北部湾经济合作论坛"提出泛北部湾经济合作的重要构想算起，泛北部湾经济合作已经走过了8个年头，泛北部湾经济合作论坛也已经成功举办了7届。8年来，随着中国—东盟自由贸易区建设步伐的加快，泛北部湾区域合作得到了中国和东盟国家的积极呼应和参与，取得了重要进展和显著成效。尤其是2014年1月17日，中国—东盟泛北部湾经济合作高官会通过了《中国—东盟泛北部湾经济合作路线图（战略框架）》，标志着泛北合作进入务实合作新阶段。

二是对泛北合作的前景与未来进行思考。中国国家主席习近平2013年10月访问东盟时正式提出，中国愿同东盟国家加强海上合作，使用好中国政府设立的中国—东盟海上合作基金，发展好海洋合作伙伴关系，共同建设21世纪"海上丝绸之路"的重要倡议，给泛北合作带来了新的重大历史机遇。未来，泛北合作如何抓住这些新的重大历史机遇，在新的历史起点上加快推进合作进程并取得新的成效，需要进一步的谋划和思考。

三是新形势下，对如何发挥广西区位优势，积极推动泛北合作，充分发挥广西在共建21世纪"海上丝绸之路"中的作用，进行科学谋划。广西地理位置得天独厚，是我国唯一与东盟海陆相连的省区。近年来，经过不断探索和实践，具有资源优势、政策优势和相当产业优势的广西与泛北国家开展了全方位合作，不断充实完善合作平台和机制建设，不断加强港口等互联互通建设，深化经贸合作，紧密人文交流，在推动泛北合作进程中发挥了积极作用，在携手共同打造泛北合作这一中国—东盟框架下新的次区域合作中具有不可替代的战略地位和作用，为泛北合作奠定了良好的合作基础。国家领导人也对广西寄予了厚望和重托，先后提出"要把广西沿海发展成为新的一极"、"把推进泛北部湾经济合作这篇大文章做好"、"广西要成为西南、中南地区开放发展的新的战略支点"。面对新的机遇与挑战，新的起点与任务，广西特别是广西北部湾经济区如何进一步深化改革，扩大开放，充分发挥其平台服务作用和先导示范作用，也是本书的重要内容。

本书共分五章，全面详细介绍了泛北合作的历史背景与缘起，回顾总结了泛北合作8年来的重要进展与成效，畅想了泛北合作的美好前景与未来，对充分发挥广西在共建21世纪"海上丝绸之路"中的独特优势，打造21世纪"海上丝绸之路"的新门户新枢纽，为实现中国—东盟新繁荣贡献力量，提出了独到的看法。本书语言简洁精练、内容准确生动，充分体现了系统性、学术性、知识性、通俗性和可读性，是详细了解泛北合作必备的参考书。

广西北部湾发展研究院

2014年5月

Preface

The Beibu Gulf, one gulf linking sea and land, one gulf uniting good neighbors, had been experienced ups and downs during the history. Currently, with the promoting of the rapid development of economic globalization and regional economic integration, the cooperation among countries involved in the Pan-Beibu Gulf economic cooperation with geographical proximity, similar humanities and culture will be strengthened certainly. Nowadays, Pan-Beibu cooperation is under a robust momentum and is sailing straight into a rosy prospect with attention from all over the world. During the period of opening-up and development, economic globalization, and regional economic integration, Guangxi is trying to seize the historic opportunity brought by common construction of Marine Silk Road in 21st century and creation of a new strategic pivot for opening-up and development in southwest and south-central region of China in order to implement "Dual-Core Driver". For realizing those "two brilliant construction", the Research and Development Institute for Guangxi Beibu Gulf organized related experts to jointly compiled "Exerting Forceful Pioneer Effect, Establishing Common Maritime Silk Road——Review and Prospect of Pan-Beibu Gulf Economic Cooperation".

There are three original intentions of this book: first, to review and summarize the major progress and brilliant achievements of Pan-Beibu Gulf Cooperation.Pan-Beibu Gulf has gone through eight years since the significant idea of Pan-Beibu Gulf cooperation was proposed during the first Pan-Beibu Gulf Economic Cooperation Forum in 2006, and the Pan-Beibu Gulf Economic Cooperation Forum also has been held successfully for seven times.During the eight years, with acceleration of construction of China-ASEAN Free Trade Area, the Pan-Beibu Gulf regional cooperation has received active participation of China and other ASEAN countries, and achieved important progress and remarkable result, especially on January 17, 2014, the "The Road Map for China-ASEAN Pan-Beibu Gulf Economic Cooperation (Strategic Framework)" has been approved during the China-ASEAN Senior Officials' Meeting, which marks Pan-Beibu Gulf cooperation has entered into a new stage of pragmatic cooperation.

Second, to analyze and prospect the future development of Pan-Beibu Gulf Cooperation.The Chinese president Xi Jinping visited ASEAN in October last year, during his visiting, he officially proposed that China is willing to strengthen the maritime cooperation with ASEAN countries, effectively utilize the China-ASEAN maritime cooperation fund, and deeply develop the ocean cooperative partnership in order to jointly build the Marine Silk Road in the 21st Century, which has brought a new significant historical opportunity.In the future, how to seize those opportunities in order to accelerate and promote cooperation progress to reach a new achievement at starting point of history required further planning and thinking.

Third, to scientifically plan the Guangxi's role in geographical advantages, Pan-Beibu Gulf cooperation, and Marine Silk Road in 21st Century.The geographic location of Guangxi is unique, which is the only region connects ASEAN not only by sea but also by land in China.Recently, after continuous exploration and practice, Guangxi with advantages of resources, policies, and industries has conducted comprehensive cooperation with Pan-Beibu Gulf countries, it has been continually improved cooperation platform and construction mechanism, strengthened interconnectivity of ports, deepened the economic and trade cooperation, and conducted frequent humanities exchanges, thus, it not only played an important role in the progress of promoting Pan-Beibu Gulf cooperation, but also laid a favorable foundation for jointly building a new sub-regional cooperation of Pan-Beibu Gulf cooperation under the China-ASEAN framework, State leaders also paid high expectations to

Guangxi, they successively proposed to "Establishing Coastal Area of Guangxi to become a New Growth Pole", "Conducting Great Work for Promoting Pan-Beibu Gulf Economic Cooperation", and "Creating Guangxi to become a New Strategic Pivot for Opening-up and Development in Southwest and South-Central Region of China". By facing the new opportunities and challenges as well as a new starting point and mission, Guangxi, especially Guangxi Beibu Gulf Economic Zone needs consider carefully about how to further deepen reform and expand opening-up scale in order to play its significant role in service platform, pioneer, and demonstration as another important content is also included in this book.

This book is composed of five chapters, it comprehensively introduces history and background of Pan-Beibu Gulf cooperation, reviews and summarizes major progress and achievements of Pan-Beibu Gulf cooperation during eight years, imagines the brilliant future of Pan-Beibu Gulf cooperation, provides a specific view for Guangxi's unique role in co-building Marine Silk Road in 21st century, and creating a new gateway and new hub for Marine Silk Road in the 21st century in order to contribute to China-ASEAN prosperity.The language of this book is concise and understandable with accurate and vivid contents, and fully reflects the systematicness, technicality, intellectual, popularity, and readability; it is an essential reference book for detailed understanding of Pan-Beibu Gulf cooperation.

Development and Research Institute for Guangxi Beibu Gulf

May, 2014

目　录

第二章　顺应大趋势　合作谋发展
——泛北部湾经济合作的背景和内涵

第三章　从共识到实践　以合作促共赢
——泛北部湾经济合作的进展与成效

第四章 立足新起点 共谱新篇章
——泛北部湾经济合作的前景和走向

第五章　打造新门户　构筑新枢纽
——充分发挥广西在21世纪"海上丝绸之路"的先导作用

附　录

Contents

Chapter 1. One Gulf Uniting Good Neighbors，Silk Road Creating Friendship

—History and Basic Condition of Pan–Beibu Gulf Cooperation

Chapter 2. Conforming with Major Trend，Seeking Development in Cooperation

——The Origin and Meaning of Pan-Beibu Gulf Economic Cooperation

Chapter 3. From Consensus to Practice，From Cooperation to Win-Win Result

——Progress and Achievements of Pan-Beibu Gulf Economic Cooperation

Chapter 4. Standing at a New Starting Point, Co－Creating a New Chapter

——Prospect and Development Trend of Pan–Beibu Gulf Economic Cooperation

Chapter 5. Creating the New Portal, Building the New Hub

——Guangxi's Pioneering Role in Marine Silk Road in 21st Century

Appendix

第一章

一湾睦邻邦　丝路筑友谊

——泛北部湾合作的历史渊源和基础条件

Pan-Beibu Gulf

一、优越的地理环境

（一）地理条件

1.地域广阔

泛北部湾区域是以北部湾为基点，向南延伸，涵盖南海及周边的东盟国家。主要包括文莱、印度尼西亚、马来西亚、菲律宾、新加坡、泰国、越南等东南亚国家以及中国的广西、广东、海南等省区。

2.海运要塞

泛北部湾区域内的南海地处太平洋西岸，位于中国大陆以南，西邻越南，东邻菲律宾，南临马来西亚、文莱，扼守马六甲海峡、巴士海峡、巴林塘海峡和巴拉巴克海峡，是太平洋和印度洋之间的国际航道要塞，其中马六甲海峡地位尤其重要。马六甲海峡位于马来半岛和苏门答腊岛之间，全长1080公里，是仅次于多佛尔海峡和英吉利海峡的世界第三繁忙的海峡。

3.良港众多

泛北部湾区域广阔的海域造就了众多的天然良港，是世界港口富集区。区域内东盟国家共有各类重要港口150多个。其中印度尼西亚的雅加达港、泗水港，越南的胡志明港、海防港，马来西亚的巴生港、柔佛港，菲律宾的马尼拉港、宿务港，新加坡的新加坡港，泰国的曼谷港、普吉港、宋卡港等都是年吞吐量过千万吨的天然海运良港。泛北部湾区域中国港口主要有北部湾港（由北海港、钦州港、防城港组成）、湛江港、海口港、三亚港等。各港口间直线距离较近，为彼此间密布航线，经贸往来奠定了天然基础。

4.气候适宜

泛北部湾区域各国家和地区地处热带、亚热带季风气候区，气候温暖，雨水丰沛，光照充足。夏季时间长、气温高、降水多、日照时间长，冬季时间短、天气干暖。年均气温约22℃，年降水量充沛，总量多于1500毫米。高温多雨的气候条件造就了泛北部湾区域丰富的动植物资源，丰富的植被使区域内环境优美。以南宁市为例，适宜的气候让南宁拥有了"绿城"之称，并获得了"联合国人居奖"、"中国人居环境奖"等多项荣誉。

（二）区位优势

1.多区域合作纽带

泛北部湾区域具有独特的区位优势，一海碧水居中，将泛北部湾区域连接成一个地域共同体，优越的地理条件造就了其区位优势。泛北部湾经济区是中国粤港澳经济圈、中国—东盟经济圈、华南经济圈、西南经济圈等多个经济圈的重要交汇区域，区域内集中了大湄公河次区域合作、泛珠三角合作、中国南宁—新加坡经济走廊等多个区域、次区域合作，泛北部湾经济合作作为多区域合作的纽带，汇集了诸多优惠政策及便利条件。

2.中国—东盟自由贸易区的核心区域

泛北部湾合作是一个动态开放的、渐进的过程，由最初的中国、文莱、印度尼西亚、马来西亚、菲律宾、新加坡、越南7个国家，发展到如今的多个国家和地区。参与泛北部湾经济合作的各方均是中国—东盟自由贸易区的参与方。2012年，仅中国的广西、广东、海南三省区和文莱、印度尼西亚、马来西亚、菲律宾、新加坡、泰国、越南的GDP（国内生产总值）总量就占中国—东盟自由贸易区GDP总量的三分之一左右（详见表1-1），泛北部湾区域日益成为中国—东盟自由贸易区的核心区域。

表1-1　　　**2012年泛北部湾区域相关国家和地区GDP、人口和经济增长率**

国家和地区	GDP（亿美元）	人口（万人）	经济增长率（%）
文莱	178	41.22	0.9
印度尼西亚	7585.24	24596.2	6.23
马来西亚	3034.29	2924	5.4
菲律宾	2503	9727.9	6.6
新加坡	2747	531.24	1.2
泰国	3655.64	7006.7	6.4
越南	1284.66	9018.6	5.03
中国广西	2088.88	5240	11.3
中国广东	9147.99	10594	8.2
中国海南	457.7	886.55	9.1
总计	32682.4	70566.41	—

资料来源：根据《中国—东盟年鉴·2013》和2012年广西、广东、海南统计公报整理而成

二、便利的交通条件

（一）互联互通基本形成

在各方的共同努力下，泛北部湾区域互联互通加快推进，区域内各国家和地区间便捷的陆、海、空全方位互联互通体系基本形成。

1.铁路方面

中越国际列车运行良好。2009年1月1日，中国南宁至越南河内的国际列车（T8701/2次）正式开通，是目前中国与东盟间唯一的国际列车，是泛北部

湾区域内铁路互联互通的典范。开通5年以来，客运量迅猛增长，由2009年的9490人次增至2012年的39396人次，增长了4倍多（详见表1-2）。2013年1—7月，运送旅客26903人次，同比增长16.2%。

表1-2 　　　　　**2009—2012年T8701/2次国际列车客运量**

年份	客运量（人次）	增长率（%）
2009	9490	—
2010	23896	152
2011	31152	30
2012	39396	26

资料来源：中国新闻网

泛亚铁路建设有了新进展。包括多个泛北部湾区域国家在内的18个亚太经社委员会成员国签署的《泛亚铁路网政府间协定》于2009年6月正式实施，目前，泛亚铁路泰国、马来西亚境内段取得积极进展。老挝万象至泰国曼谷段已经建成通车。马来西亚与新加坡于2013年达成初步协议，计划于2020年前，建造吉隆坡与新加坡互联互通的高速铁路。泛亚铁路东、中、西三条线路中国境内段项目均被列入了中国《中长期铁路网规划》和《铁路"十二五"发展规划》，并已经动工建设。

2.公路方面

首先，泛北部湾区域内公路互联互通逐步实现高等级化。目前，泰国至新加坡，新加坡至马来西亚的高速公路已经开通。中国南宁至越南河内的高速公路南宁至友谊关段已于2005年建成通车；防城港至河内的高速公路建设顺利推进，防城港至东兴段于2013年年底正式通车，越南河内至海防段已开工建设。广西北部湾经济区出海的崇左至钦州、玉林至铁山港和六景至钦州港3条高速公路均建成通车。

其次，客货运输日益便利。例如，广西与越南间已实现客货运输车辆直达运输和公务车辆相互驶入，出入境口岸达到4个。2012年，《中越汽车运输协定》修改完善，广西新增5条对越南客货运输线路，客货运输线路总计达到29条。2012年5月30日，中国和越南签署了《关于建立中越国际汽车运输行车许可证制度的协议》，2012年8月，南宁—河内和深圳—河内两条运输线路正式开通，放宽限制的货车和客车可以穿行于越南河内和中国深圳之间1300公里长的公路。

3.航空方面

随着中国与东盟合作的不断深入，中国与泛北部湾区域其他国家间航空领域日渐开放。2004年，中国与泰国实现双边航空运输市场准入相互开放；2007年，中国与东盟共同签署《中国与东盟航空合作框架》。根据《中国—东盟全面经济合作框架协议服务贸易协定》，越南对中国民航取消"市场准入限制"及"国民待遇限制"；柬埔寨、马来西亚、文莱、新加坡除了取消以上限制，还对"飞机维护和保养服务"、"航空运输服务的销售和营销"等领域完全开放。中国目前也已给予上述国家航空服务业同等待遇。中国广州、南宁、海口、桂林等地机场与泛北部湾各国主要城市之间的航班越来越多。

目前，东盟已经完成了"空运服务承诺书"和"东盟航空市场"的相关谈判，各国航空公司在为2015年东盟"开放天空政策"作准备。

4.航运方面

目前，泛北部湾区域的中国广西、广东、海南等省区的多家港口、物流企业与新加坡、柬埔寨、泰国、越南等国的港口已相互开通集装箱、散货航运班线并缔结友好港口。例如，钦州港目前已正式开通至越南海防港、新加坡港、泰国曼谷港的外贸集装箱班轮直航航线，并增加了航线密度。

（二）南新通道逐步形成

南新通道建基于中国南宁—新加坡经济走廊建设，是连接中国与东南亚大陆最便捷的陆路交通大通道，包括准轨铁路和高速公路的建设。目前，南宁至越柬边界、柬泰边界至新加坡、泰国边境至吉隆坡、新加坡至吉隆坡、曼谷至马来西亚边境的铁路已建成通车，尤其南宁—河内段运营效果良好；南宁至友谊关高速公路已与越南1号公路连接，泰国廊开—曼谷—吉隆坡—新加坡段已建有高速公路或一级公路。南新通道的铁路和公路网络的雏形基本形成。

三、丰富的自然资源

（一）能源矿产资源

泛北部湾地区拥有丰富的能源资源、金属矿产资源和非金属矿产资源。越南无烟煤产量、铬铁矿储量、磷矿储量，马来西亚石油和天然气储量、锡矿储量，印度尼西亚液化天然气产量、锡矿产量、镍矿储量等，均居世界前列。（参见表1-3）。

表1-3 泛北部湾资源分布情况

能源	金属矿产	非金属矿产
中国三省区：有丰富的石油、天然气资源和水资源	中国三省区：广西有色金属矿藏最丰富，素称"有色金属之乡"，储量居全国首位的有锰、锡等14个矿种。海南省铁矿藏量占全国富铁矿藏量的70%。广东省金属矿产有37种	中国三省区：广西石灰岩分布广泛，储量大，质量好，高岭土、滑石等非金属矿储量均居中国前列。广东非金属矿产有51种
越南：东南亚第三大煤炭生产国、世界第三大无烟煤生产国。煤炭储量约65亿吨，石油、天然气储量丰富	越南：铁矿、铬矿、钛矿、铝矿、铜矿、镍矿探明储量丰富	越南：磷矿、硫矿、高岭土储量较丰富

续表

能源	金属矿产	非金属矿产
马来西亚：石油储量52.5亿桶，天然气储量248889.85亿立方米	泰国：锡矿储量占世界的12%	泰国：钾盐储量居世界首位
印度尼西亚：石油储量约97亿桶，是东南亚石油储量和产量最大的国家。天然气储量4.8万亿～5.1万亿立方米，是世界上最大的液化天然气生产国和出口国	马来西亚：锡矿储量100万吨以上，居世界第二位。铁矿储量1亿多吨，含铁量50%以上	菲律宾：石灰石、大理石储量丰富
文莱：石油储量约14亿桶，天然气储量3900亿立方米，是东南亚主要产油国和世界主要液化天然气生产国	印度尼西亚：锡矿储量146万吨，世界第三大产锡国。镍矿探明储量6亿吨，铜矿探明储量4100万吨	—
菲律宾：巴拉望岛西北部海域有石油储量3.5亿桶，天然气可开采储量985亿立方米	菲律宾：铜矿、镍矿、金矿、铝矿储量分别为48亿吨、10.9亿吨、1.36亿吨、2.42亿吨	—

资料来源：中华人民共和国外交部网站、历年《中国—东盟年鉴》

（二）农林渔资源

泛北部湾地区热带资源丰富，海洋渔业资源众多，许多资源在世界上具有重要地位。越南是世界上主要的大米和咖啡出口国之一。泰国是世界大米生产国和第一出口国，橡胶、木薯产量居世界第一位。马来西亚棕榈油产量居世界首位，热带锯木出口居世界首位。印度尼西亚天然橡胶、棕榈油、椰子产量居世界第二位。菲律宾椰子产量和出口量均占世界的60%以上（参见表1-4）。

表1-4				泛北部湾农业和渔业资源分布情况	
国家（地区）	农业人口	耕地面积	森林面积	农业品种与水产	世界（区域）地位
中国三省区	7155万人	844.22万公顷	1977.49万公顷	广西是中国最大的松香、松节油产区，栲胶、八角、茴油、肉桂等均排全国第一位。鱼类资源有500多种，虾、蟹类220多种	广西是世界十大产糖区之一
越南	5997万人，约占总人口的67.55%	—	1242万公顷	盛产稻谷、小麦、橡胶、茶叶、咖啡和热带水果等，海洋生物达6800多种	世界主要的大米和咖啡出口国之一
泰国	—	2070万公顷，约占土地总面积的38%	1440万公顷，约占土地总面积的25%	盛产稻谷、木薯、橡胶、热带水果和虾类等	世界大米生产国和第一出口国。虾产量居世界各国首位
马来西亚	—	485万公顷	1964万公顷，占土地总面积的59.5%	盛产橡胶、油棕、胡椒、可可和硬木等	棕榈油产量居世界首位，热带锯木出口居世界首位，原木出口居世界第二位。世界第三大橡胶生产国

续表

国家（地区）	农业人口	耕地面积	森林面积	农业品种与水产	世界（区域）地位
新加坡	无农业人口	—	—	主要是园艺种植、家禽饲养和水产。植物资源2000多种	—
印度尼西亚	14219万人，约占总人口的59%	—	1.45亿公顷，占土地总面积的74%	盛产茶叶、香料、热带林木、热带经济作物、鱼类、贝类和珍珠等	世界主要热带经济作物生产国，有植物3.5万多种，胡椒、木棉、金鸡纳霜、藤条、竹类、天然树脂和龙脑的产量居世界首位，天然橡胶、棕榈油和椰子产量居世界第二位。是世界上产茶超过10万吨的6个国家之一
文莱	—	3万公顷，约占土地总面积的5%	46.9万公顷，占土地总面积的81%	以种植橡胶、水稻和椰子为主，盛产鱼、虾等水产	—
菲律宾	—	1400万公顷，约占土地总面积的47%	1579万公顷，占土地总面积的53%	主要作物有稻谷、玉米、椰子、甘蔗、烟草和蕉麻等，经济鱼类2400多种	椰子产量和出口量均占世界的60%以上，马尼拉麻和吕宋雪茄烟闻名世界。金枪鱼资源居世界前列

资料来源：中华人民共和国外交部网站、历年《中国—东盟年鉴》

（三）生态旅游资源

泛北部湾地区有许多世界著名的名胜古迹，如中国广西桂林山水、越南历史古都顺化、泰国芭堤雅游乐区、马来西亚双峰塔、新加坡狮头鱼尾像、印度尼西亚缩影公园、文莱斯里巴加湾市奴鲁斯曼皇宫、菲律宾马荣火山等。它们有的被列为世界文化遗产或世界自然遗产。各个国家和地区的旅游资源独特，互补性强，开展旅游合作市场巨大（参见表1-5）。

表1-5	泛北部湾地区特色旅游资源分布情况
国家/地区	特色旅游资源
中国三省区	主要有广西的桂林山水、德天跨国瀑布、花山岩画大石围天坑群、北海银滩、东兴金滩、京族三岛、龙脊梯田、百色起义纪念馆，广东的肇庆鼎湖、丹霞山等，海南的三亚天涯海角、亚龙湾旅游区、五指山、万泉河等
越南	首都河内有著名的胡志明陵、还剑湖、西湖和文庙等。胡志明市素有"远东明珠"之称，有建于20世纪初的边城市场、法式的统一宫和历史博物馆等。越南历史古都顺化，现存越南最大而且较完整的古代建筑群落，被列为世界文化遗产。广宁省的下龙湾，有"海上桂林"之美誉

□ 德天跨国瀑布

续表

国家/地区	特色旅游资源
泰国	泰国是一个历史悠久的佛教之国，也是一个被称为"白象王国"的美丽之邦。芭堤雅是世界著名的旅游区，有"东方夏威夷"之称。鳄鱼湖是泰国著名的动物园，世界最大的鳄鱼养殖、研究基地。大皇宫是曼谷王朝的王宫，位于其中的玉佛寺是泰国最著名的佛寺之一。泰国古城素可泰被列为世界文化遗产
马来西亚	首都吉隆坡拥有当今世界最著名的第三高金属建筑物——双峰塔。位于首都国家广场一侧的苏丹阿卜杜勒萨马德建筑，是吉隆坡的标志性建筑。国家清真寺被认为是东南亚最大的清真寺。由槟城省和槟榔屿组成的槟城，拥有世界第三大桥。该国的蛇庙在世界上独一无二
新加坡	有新加坡的标志和象征——狮头鱼尾像、世界独一无二的石头博物馆——奇石博物馆、世界著名的热带植物园之一——新加坡植物园、世界著名的鸟禽公园之一——裕廊飞禽公园、亚洲最大的热带海洋水族馆——新加坡海底世界、新加坡最古老庙宇之一——天福宫等
印度尼西亚	印度尼西亚缩影公园使游人仅仅用几个小时就可欣赏"像一条围绕在赤道两旁的翡翠飘带"的美丽岛国风光。婆罗浮屠是世界上最大的古老佛塔，也是世界七大奇迹之一。茂物植物园是世界最大的热带植物园。巴厘岛名胜古迹星罗棋布，拥有庙堂寺院4000多座，是"诗之岛"、"舞之岛"。雅加达博物馆是东南亚最大的历史博物馆。位于雅加达郊区的寻梦园被称为东南亚最大的游乐场所
文莱	赛福鼎清真寺已经有50多年历史，是东南亚最堂皇的一座伊斯兰教寺院。斯力巴加湾市奴鲁伊曼皇宫是世界上最大的王宫之一。已有500年历史的水上村庄是文莱传统居住文化的缩影
菲律宾	"千岛之国"菲律宾有长达10公里的罗海斯滨海大道。圣奥古斯丁教堂是菲律宾最古老的西班牙式天主教堂。菲律宾文化村是菲律宾缩影村，又名"千岛缩影"。伊富高省巴纳韦高山原始梯田是菲律宾一古代奇迹。马荣火山是菲律宾最大的活火山，被人们称为"世界最完美的山锥"

资料来源：中华人民共和国外交部网站、历年《中国—东盟年鉴》

四、悠久的交往历史

（一）古代海上丝绸之路与贸易往来

海上丝绸之路是相对于陆上丝绸之路而言的，它是指1840年以前中国通往其他国家和地区的海上通道。海上丝绸之路酝酿于先秦，形成于秦汉，魏晋南北朝时期持续发展，唐、宋、元时期空前繁荣，明初达到顶峰，明中叶以后逐渐衰落。

海上丝绸之路包括两大干线：从中国通往朝鲜和日本的东海航线和从中国通往东南亚和印度洋地区的南海航线。南海航线（又称南洋、西洋航线）是海上丝绸之路的主要航线。

作为海上丝绸之路主要航线的南海航线，开辟于西汉。西汉武帝时期，经过70年的休养生息，西汉王朝经济繁荣，对外交往的愿望日渐强烈。汉武帝在开辟陆上丝绸之路的同时，试图开通从海上与西域各国交往的通道。公元前111年，汉武帝平定岭南地区的南越国，在秦时三郡故地设九郡，加强了西汉王朝中央政府对岭南

□ **中国传统航海帆船**

地区的统治，为海上丝绸之路的开辟奠定了政治基础。秦修凿灵渠、沟通长江水系和珠江水系后，湘桂走廊成为连接中原与岭南的交通要道，中原—湘桂走廊—绣江—北流江—南流江成为南北交通大动脉。处于这一大动脉的南端、得江海联运之便的广西合浦，成为西汉海上丝绸之路的最重要的始发港之一。中国海船从日南（今属越南）、合浦（今广西北海市）、徐闻（今广东徐闻县）出发，携带大量的丝绸、黄金，沿北部湾海岸、中南半岛沿岸，途经今天的越南、泰国、马来西亚、缅甸，再沿着孟加拉湾海岸，远航到达今天印度的南部。最后从印度半岛以南的斯里兰卡经新加坡返航。

东汉时，罗马帝国对中国丝绸有巨大的消费需求，却苦于安息（今伊朗）的居间阻隔，一直无法与中国建立直接的政治、贸易关系。公元162年，罗马皇帝率兵击败波斯军队，占领安息，把波斯湾纳入罗马帝国的势力范围，打通了与中国直接贸易的通道。公元166年，罗马皇帝派遣使者携带玳瑁、象牙、犀牛角等礼物，从埃及的亚历山大港出发，出红海，经

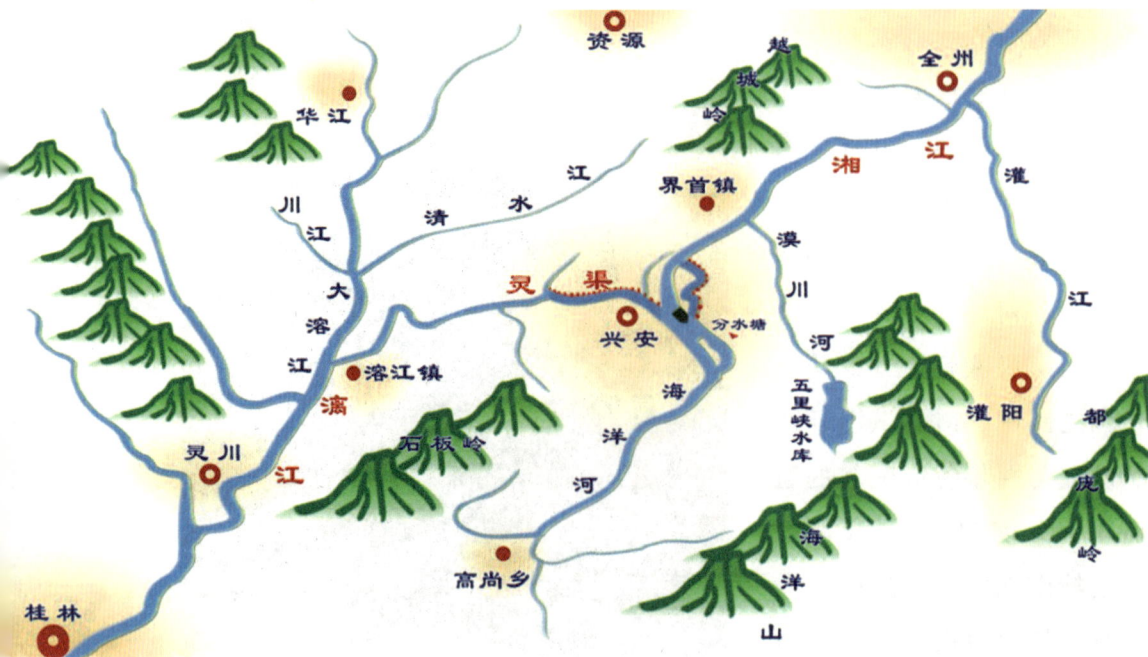

□ 灵渠示意图

□ **汉代海上丝绸之路的起点，北海市的前身合浦港**

波斯湾、印度半岛沿岸抵达中国。当时东西方两大帝国建立了直接联系。中国的丝绸、瓷器从北部湾沿岸港口出发，经中南半岛东南亚诸国，穿越马六甲海峡，顺孟加拉湾沿岸抵达南亚各国，沿印度半岛西海岸到达阿拉伯地区，再由阿拉伯商人转运地中海沿岸国家。中国—东南亚—南亚—阿拉伯地区—地中海沿岸的海上丝绸之路得以贯通。海上丝绸之路的西端从西汉时期的印度南部、斯里兰卡延伸至阿拉伯地区和地中海沿岸。

　　魏晋南北朝时期，海上丝绸之路持续发展，航路范围进一步扩展，海上贸易往来更加频繁。

　　唐、宋、元时期海上丝绸之路空前繁荣。魏晋南北朝以后，中国经济重心逐渐南移，广大南方地区特别是东南沿海地区受战乱影响较少，经济发展加快，特别是桑蚕业、纺织业、陶瓷业发展迅速，南方逐渐成为历代王朝中央财政收入的主要来源地。唐、宋、元时期封建经济的繁荣，促进了海上对外交通和对外贸易的发展。这一时期海上丝绸之路的新发展主要表现为：

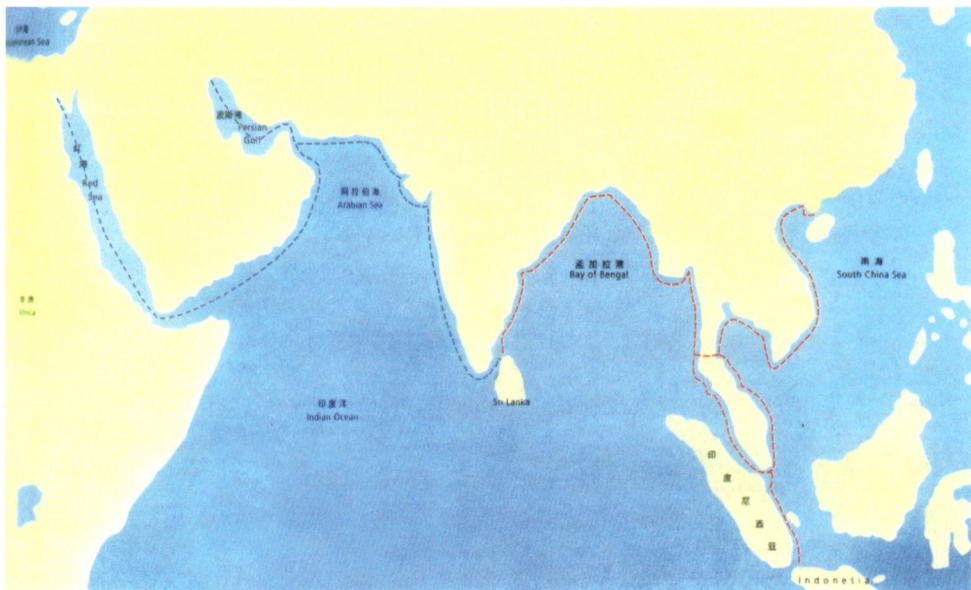

□ 汉代海上丝绸之路航线图①
（注：红线为中国人开辟的海上航线，蓝线为外国人开辟的海上航线）

　　航线的延伸　唐朝形成的"广州通海夷道"，把西洋航线从先前的阿拉伯地区延伸至红海和非洲东海岸，突破了前代局限于亚洲的范围，形成了亚非洲际海上交通大动脉。"广州通海夷道"从广州出发，出南海经东南亚、南亚、波斯湾、阿拉伯半岛，过亚丁湾，最后南下非洲东海岸的坦桑尼亚。这是当时世界上航程最远、航区范围最广的海上航线。中国商船直航波斯湾和非洲东海岸，创造了中古时代世界航海史的壮举。宋代海上丝绸之路西洋航线在抵达波斯湾、东非海岸的基础上，延伸至红海口的亚丁。元朝海上丝绸之路继续发展，西洋航线穿过亚丁湾后，向西北进入红海，最北端到达埃及的开罗；向南经索马里、坦桑尼亚，最南端到达马达加斯加岛。中国商船直航北非和非洲东海岸的南部，整个印度洋纳入了元代海上丝绸之路的范围。

　　新航线的开辟　宋代新开辟了泉州、广州至菲律宾的航线，菲律宾群岛

---

　　①　根据李庆新《海上丝绸之路》之"汉代海上交通航线示意图"加工整理。

中的吕宋岛、苏禄群岛、棉兰老岛当时都与宋王朝有贸易往来。菲律宾航线的开辟，标志着海上丝绸之路南海航线连通了东南亚各国中的所有海上国家。

对外贸易港口的增多 唐代以前，中国对外贸易港口主要是广州。唐、宋、元时期，对外贸易港口除广州外，还有泉州、扬州、明州（今宁波）和杭州。泉州逐渐取代广州成为对外贸易最繁荣的港口。

贸易性质的改变 唐代以前通过海上丝绸之路进行的对外贸易，主要是以促进政治交往为目的的朝贡贸易。唐宋元时期海上贸易转变为以经济目的为主的商业活动。尽管此间仍有朝贡贸易甚至朝贡贸易占较大比重，但此时的朝贡贸易目的是经济交易而不是政治外交。正因为海上贸易性质的改变，海上贸易收入成为唐、宋、元王朝中央政府财政收入的重要来源。中央政府

□ **唐、宋、元时期海上丝绸之路航线图**[①]
（注：红线为唐代航线，蓝线为宋元时期航线）

---

① 根据李庆新《海上丝绸之路》之"唐宋时期海上交通航线示意图"加工整理。

在广州、泉州、明州等主要对外贸易港口设立专门管理对外贸易的机构——市舶司。

贸易范围的扩大　唐、宋、元时期与中国有贸易往来的国家，有朝鲜、日本、东南亚海上诸国、南亚诸国、阿拉伯半岛各国、非洲东海岸各国以及西班牙、摩洛哥、阿尔及利亚、突尼斯、埃及等地中海沿岸国家，跨亚、非、欧三大洲。

明初郑和七下西洋，把海上丝绸之路推向巅峰。公元1405年至1433年，明王朝先后7次派郑和率领庞大的船队，携带大批陶瓷、丝绸、茶叶、铁器、金银，远航印度洋，与东南亚、南亚、阿拉伯半岛、西亚及非洲东海岸国家进行友好交往，开展官方贸易。

郑和船队从南京出发，经江苏太仓的刘家港出长江入海、南下福建，由福州五虎门或广东出南海，过越南东南部进入马六甲海峡，穿越马六甲海峡西出印度洋。郑和船队沿途经过东南亚、南亚、波斯湾、阿拉伯半岛，到达非洲东海岸，横跨亚、非两大洲。船队抵达最远的地方是红海沿岸的伊斯兰圣地麦加、非洲东海岸索马里的摩加迪沙、肯尼亚的蒙巴萨和马林迪等地。沿途经过39个国家和地区。郑和作为明王朝的使节，所到之处，觐见国王，表达明王朝友好交往的愿望，邀请各国使节来中国访问。

郑和所率领的船队，不仅是中古时代航程最远的船队，也是规模最大、组织最严密的船队。船队大小船只200多艘，搭载27000多人。分宝船、马船、粮船、坐船、战船等不同功能和职责的5种船型。最大的宝船长44丈，宽18丈，装9支桅杆，用12张帆，载重上千吨，可载上千人。船只首尾相接，延绵数十里，浩浩荡荡，气势宏大。船队熟练使用罗盘、航海图，航海装备和技术是当时世界最先进的。

郑和船队较前代大大拓展了航行海域，形成了纵横交错、多航线汇聚交叉的航线网络，远离海岸，实现了真正意义上的深海远航。

明中叶以后，明、清政府实行严厉的海禁政策，禁止海上民间贸易，海上丝绸之路走向衰落。

海上丝绸之路连接世界不同的文明，不仅是航海之路、贸易之路，也是世界文化交流之路和中外友谊之路。

古代中国与东南亚各国的海上贸易往来是海上丝绸之路的重要组成部分，丝绸之路的南洋航线就是指中国与东南亚国家的海上往来。从西汉到明初的1500多年时间里，中国与东南亚国家的贸易往来频繁，汉至唐代，中国与越南、缅甸、柬埔寨、泰国、文莱、印度尼西亚、马来西亚、新加坡等国就有密切的贸易往来。宋代以后，中国开通了从广州、泉州直达菲律宾群岛的航线，东南亚海上各国与中国有了直接的贸易往来。

中国与东南亚各国通过海上丝绸之路交易的商品主要是中国的丝绸、瓷器、铜铁器、漆器、珍珠，东南亚各国的象牙、犀角、翡翠、香料、玳瑁等。

中国与东南亚国家的海上贸易，除了传统的官方贸易，还有颇具规模的民间贸易。16世纪末至19世纪初，中国福建漳州、泉州和广东的商人，运送丝绸、生丝、棉布、瓷器等产品前往菲律宾销售，西班牙殖民者把这些商品收购后用大帆船转运美洲的墨西哥，形成中国—菲律宾—美洲的帆船贸易网，史称"马尼拉大帆船贸易"。当时每年从中国前往菲律宾的商船，每年有数十艘。从菲律宾开往墨西哥的大帆船，一般每年2艘，多的时候达4艘，每艘载重数百吨、上千吨，最大的达2000吨。大帆船每年运往墨西哥的丝织品达数十万匹、上百万匹。"马尼拉大帆船贸易"支撑了墨西哥丝织业的发展。

（二）多元文化与人文交往

泛北部湾地区多元文化共存。中国传统文化以儒家文化为核心，融合了儒、佛、道的精髓。民族众多，以汉族为主体，全国有56个民族。东南亚各国也是民族众多，历史上受印度文化、阿拉伯文化、西方文化和中国文化的深刻影响，其文化多元性特征明显。总的说来，泛北部湾地区主要有佛教文化、伊斯兰教文化、天主教文化和儒家文化。

泛北区域内的东南亚国家的文化传统中，缅甸、泰国、柬埔寨以佛教文化为主。印度尼西亚、马来西亚和文莱以伊斯兰教文化为主，印度尼西亚是世界上伊斯兰教人口最多的国家。菲律宾和东帝汶以天主教文化为主。新加坡、越南历史上受儒家文化的影响。

中国与东南亚国家人文交往的历史悠久。最晚从西汉开始，随着丝绸之路的开辟，中国与东南亚各国就有了人员往来，彼此互派外交使节，建立了定期遣使的朝贡制度。长期以来，通过海上丝绸之路，中国与东南亚各国保持着友好、密切的关系。郑和下西洋时，满刺加（今属马来西亚）国王曾亲率包括王后、陪臣在内540人的庞大使团来中国访问。

海上丝绸之路开辟了中国与东南亚和印度洋地区的海上交通，密切了中国与这些地区的交往。自古以来，陆续有中国人沿着海上丝绸之路的航线，远涉重洋，到海外定居。宋代，中国东南部、南部沿海地区的居民移居海外已有相当规模，明清时期增长较快。移居海外创业的中国人，以福建、广东、广西人居多，主要迁往安南（今越南）、吕宋（今菲律宾）、暹罗（今泰国）、三佛齐、爪哇（今均属印度尼西亚）、真腊（今柬埔寨）等东南亚国家。"马尼拉大船帆贸易"展开后，开始有中国人前往墨西哥等美洲国家谋生。移居海外的华人，与当地居民和睦相处，艰苦创业，为当地的开发和发展做出了贡献。

Pan-Beibu Gulf

第二章

顺应大趋势 合作谋发展

——泛北部湾经济合作的背景和内涵

Pan-Beibu Gulf

一、泛北部湾经济合作提出的背景

随着经济全球化和区域经济一体化的飞速发展，中国—东盟战略伙伴关系的不断深化，2006年7月20日，时任广西壮族自治区党委书记刘奇葆在首届"环北部湾经济合作论坛"的演讲中提出泛北部湾经济合作的重要构想。随后，时任国务院总理温家宝在第三届中国—东盟商务与投资峰会和第十次中国与东盟领导人会议上，两次代表中国政府正式提出要"积极探讨泛北部经济合作的可行性"的倡议，得到了中国和东盟各国领导人的高度评价和支持。

（一）经济全球化与区域经济一体化加快发展

经济全球化与区域经济一体化是当今世界经济发展的两大趋势，随着高科技产业和全球信息网络的迅猛发展，两者的进程不断加快，国际间资本流动加速，各国经济的相互依赖关系更为密切，它们使世界经济在趋于融合的同时，又不断地以一些地区为核心进行聚合。当人类社会进入20世纪90年代，在经济全球化大潮汹涌推进的同时，区域经济一体化出现迅速发展的态势。各国在生产力水平、经济结构等方面存在着很大差异，因此达到完全的经济一体化还需要较长的发展过程。在这个过程中，一些地理相近的国家或地区间通过加强合作，建立共同的商品贸易市场和生产要素贸易市场或是两者兼备的综合性贸易市场，实现商品价格和生产要素价格的均等，并协调各国的对外贸易政策及宏观经济政策，制定相对区域外国家更加优惠的贸易、投资政策，为谋求风险成本和机会成本的最小化和利益的最大化，形成了一体化程度较高的区域组织或国家集团。战后区域经济一体化最早始于20世纪50年代末，半个多世纪以来，区域经济合作在全球产生过三次浪潮。区域经济合作的第一个浪潮发生在20世纪50—60年代，它以1956年成立的欧洲经济共同体为标志。区域经济合作的第二个浪潮发生于20世纪90年代初期，其标志是欧洲统一市场的形成，北美自由贸易区和亚太经济合作组织的诞生。区域经济合作的第三个浪潮出现在20世纪90年代后期，一直延续至今。第三次浪潮的特点是区域贸易协定特别是双边FTA（自由贸易协定）在全球各地不断涌现。在经济全球化和区域经济一体化发展的推动下，泛北部湾经济合作各国由于地理相邻、人文相通、文化相似等特点，加强合作成为历史发展必然。

（二）中国—东盟自由贸易区发展的客观要求

20世纪90年代初，中国与东盟各国的关系得到了全面发展。为应对经济全球化中的负面影响和区域经济一体化的快速发展，1999年，时任中国国务院总理朱镕基在马尼拉召开的第三次中国—东盟领导人会议上提出，中国愿加强与东盟自由贸易区的联系，这一提议得到东盟国家的积极回应。2002年11月4日，中国和东盟领导人在柬埔寨首都金边签署了《中国—东盟全面经济合作框架协议》，这标志着中国—东盟建立自由贸易区的进程正式启动。随着中国—东盟自由贸易区《货物贸易协议》、《投资协议》、《服务贸易协议》和《争端解决机制协议》等协议的先后签署和生效，2010年1月1日，中国—东盟自由贸易区如期建成。中国—东盟自由贸易区是发展中国家组成的最大的自由贸易区，面积约为1400万平方公里，拥有18亿消费者、近6万亿美元国内生产总值、4.5万亿美元贸易总量。从经济规模上看，这是仅次于欧盟和北美自由贸易区的全球第三大自由贸易区。中国—东盟自由贸易区建设大致分为三个阶段。第一阶段（2002年至2010年）：启动并大幅下调关税阶段。自2002年11月双方签署《中国—东盟全面经济合作框架协议》开始，至2010年1月1日中国对东盟93%产品的贸易关税降为零。第二阶段（2011年至2015年）：全面建成中国—东盟自由贸易区阶段，即东盟的越南、老挝、柬埔寨、缅甸四国与中国贸易的绝大多数产品亦实现零关税，与此同时，双方实现更广泛深入的开放服务贸易市场和投资市场。第三阶段（2016年之后）：中国—东盟自由贸易区巩固完善阶段。

中国—东盟自由贸易区的主要内容有货物贸易关税的减让；非关税壁垒的逐步取消，关税程序的简化和协调；有效贸易便捷化措施的采取，海关程序简化和相互认证安排；逐步实现涵盖众多部门的服务贸易自由化；对东盟新成员国给予特殊和差别待遇及灵活性；扩大中国与东盟在金融、旅游、投资、农业、人力资源开发、中小企业、产业合作、知识产权、环境保护、林业及产品、能源及次区域开发等领域的合作。

建立中国—东盟自由贸易区，是中国和东盟合作历程中历史性的一步，它充分反映了双方领导人加强睦邻友好关系的良好愿望，也体现了中国和东盟之间不断加强的经济联系，是中国与东盟关系发展中新的里程碑。新阶段，中国—东盟自由贸易区发展必然要求泛北部湾国家和地区进一步加强合作。

表2-1 　　　　　　　　　　**中国—东盟自由贸易区建设进程**

时　间	事　件
2000年11月25日	中国时任国务院总理朱镕基在新加坡举行的中国与东盟领导人会议上，提出在WTO承诺基础上，建设更加互惠的中国—东盟自由贸易区倡议
2001年11月6日	中国—东盟领导人会议上宣布10年内建成自由贸易区的目标
2002年11月4日	《中国—东盟全面经济合作框架协议》签署，中国—东盟自由贸易区建设正式启动
2004年1月1日	中国—东盟自由贸易区早期收获计划实施，中国对来自东盟的500多种产品（主要是农产品）降税，到2006年，约600项农产品的关税降为零
2004年11月29日	《中国—东盟全面经济合作框架协议货物贸易协议》和《中国—东盟全面经济合作框架协议争端解决机制协议》签署，标志中国—东盟自由贸易区建设进入实质性执行阶段

时 间	事 件
2005年7月20日	《货物贸易协议》降税计划开始实施，中国与东盟正式开始对双方约7000种产品相互削减关税，标志着中国—东盟自由贸易区建设已经取得重大进展
2007年1月14日	《服务贸易协议》签署，标志着中国—东盟自由贸易区建设向前迈出关键的一步
2009年8月15日	《中国—东盟自由贸易区投资协议》签署，标志主要谈判结束
2010年1月1日	中国—东盟自由贸易区如期建成
2013年9月3日	中国国务院总理李克强在第十届中国—东盟博览会与中国—东盟商务与投资峰会开幕式上提议打造中国—东盟自由贸易区升级版

（三）中越"两廊一圈"的拓展延伸

"两廊一圈"是中国—东盟自由贸易区框架下的一个次区域合作。其中，"两廊"是指南宁—谅山—河内—海防—广宁经济走廊和昆明—老街—河内—海防—广宁经济走廊，"一圈"指环北部湾经济圈。"两廊一圈"涵盖了环北部湾和越南北部众多省市，越南方面有老街、安沛、富寿、谅山、北江、北宁、河内、兴安、海阳、海防、广宁等省市；中国方面有云南、广西、广东和海南4省区。2004年5月，中越两国领导人就合作建设"两廊一圈"，即建设"南宁—河内经济走廊、昆明—海防经济走廊和北部湾经济圈"达成共识。温家宝总理2005年10月访越时签订的《中华人民共和国政府和越南社会主义共和国政府联合公报》指出，双方同意在两国政府经贸合作委员会框架下成立专家组，积极探讨"昆明—老街—河内—海防"、"南宁—谅山—河内—海防"经济走廊和环北部湾经济圈的可行性。2006年11月，中国国家主席胡锦涛在越南参加APEC（亚太经济合作组织）会议期间，与越南领导人签订了《中华人民共和国政府和越南社会主义共和国政府关于开展"两廊一圈"合作的谅解备忘录》，明确了在"两廊一圈"范围内重点在下列领域加强合作：基础设施，包括铁路、公路和港口；货物和旅客运输；资源开发与加工；进出口贸易；农业；工业；旅游业；北部湾合作，包括渔业和油气等领域全面加强合作，为全面开展"两廊一圈"合作奠定了基本的合作框架。至此，"两廊一圈"建设已经上升为中越两国的国家战略。

随着中越"两廊一圈"建设的逐步推进以及区域经济一体化的发展要求，中越"两廊一圈"需要拓展，合作主体和范围需要延伸到泛北部湾区域。泛北部湾经济区是在"两廊一圈"两国四方合作的基础上，拓展延伸到南海周边国家。

延 伸 阅 读

中国—东盟博览会

中国—东盟博览会（下简称博览会）是由时任中国国务院总理温家宝在2003年10月8日举行的第七次中国与东盟（10+1）领导人会议上倡议，从2004年起由中国和东盟十国经贸主管部门及东盟秘书处共同主办，广西壮族自治区人民政府承办的国家级、国际性经贸交流展会，每年在中国广西南宁市举办，会址设在南宁国际会展中心。作为推动中国—东盟自由贸易区建设的一项实际行动，温家宝总理的倡议得到了东盟各国领导人的普遍欢迎，并写入会后发表的主席声明。自2004年举办首次博览会以来，至2013年已成功举办了10届。

□ 中国—东盟博览会会徽　　　　□ 中国—东盟博览会吉祥物"合合"

表2-2			第一届至第十届中国—东盟博览会经贸成效统计表			
届次	总展位数（个）	东盟展位数（个）	参展企业总数（个）	贸易成交额（亿美元）	国际合作项目签约额（亿美元）	国内合作项目签约额（亿元）
第一届	2506	626	1505	10.8	49.68	485.4
第二届	3300	696	2000	11.5	52.9	501.8
第三届	3663	837	2000	12.7	58.5	553.7
第四届	3400	1124	1908	14.2	61.5	582.1
第五届	3300	1154	2100	15.97	63.64	612.01
第六届	4000	1168	2450	16.54	64.4	618.45
第七届	4600	1138	2200	17.12	66.9	674.46
第八届	4700	1161	2300	18.07	74.2	731.1
第九届	4600	1300	2280	18.78	82.04	802.02
第十届	5554	1294	2361	—	86	681
合计	39623	10498	21104	135.68	659.76	6242.04

注：第一届至第十届数据来源于《中国—东盟博览会概况》（中国—东盟博览会秘书处编），中国—东盟博览会网站、广西新闻网等门户网站。

中国—东盟商务与投资峰会

□ 中国—东盟商务与投资峰会会徽

中国—东盟商务与投资峰会（下简称峰会）是时任中国国务院总理温家宝在2003年10月举行的第七次中国与东盟（10+1）领导人会议上倡议，从2004年起每年在中国广西南宁市举办中国—东盟博览会，同期举办中国—东盟商务与投资峰会。这一倡议得到了东盟十国领导人的普遍欢迎和积极响应，并写入会后发表的主席声明。自2004年11月成功举办首届峰会以来，至2013年已成功举办了10届。

| 表2-3 | 第一届至第十届中国—东盟商务与投资峰会主题、议题及主要活动 | |

届次	主题及议题	主要活动
第一届	·主题：促进互利合作谋求共同发展 ·议题： ①理解与互利：自由贸易基石 ②掌控变化，支持革新	·开幕式 ·高官论坛 ·企业家商务与投资论坛
第二届	·主题：中国与东盟国家——市场的开放及开发 ·议题： ①政府：营造互利共赢的合作空间 ②企业及商会：共享开放，合作发展	·开幕式暨领导人演讲 ·高官论坛 ·工商精英论坛
第三届	·主题：共同的需要 共同的未来 ·议题： ①加强整体产业对接，推动全面经济合作 ②改善投资环境，推动自由贸易区内投资的双向流动 ③中国—东盟自由贸易区建设：机遇与挑战	·开幕式暨领导人演讲 ·专题对话会议一 ·专题对话会议二 ·中国—东盟工商界行动计划签约仪式
第四届	·主题：创新合作——加快提升区域增长力 ·议题： ①服务贸易：新领域、新商机 ②深化金融合作，便利贸易投资	·开幕式 ·服务贸易专题会议 ·金融专题会议
第五届	·主题：广阔的视野，积极的行动 ·议题： ①中小企业合作 ②投资合作	·开幕式 ·投资合作专题会议 ·中小企业合作专题会议

续表

届次	主题及议题	主要活动
第六届	·主题：中国—东盟自由贸易区与东盟一体化——合作共进 ·议题： ①携手应对危机，促进共同发展 ②市场开放与新商机	·开幕式 ·领导人与企业家圆桌对话会 ·专题论坛 ·商务早餐会
第七届	中国—东盟自由贸易区与区域经贸合作的展望	·开幕式 ·印度尼西亚副总统布迪约诺与中国企业家圆桌对话会 ·中国—东盟商会领袖论坛 ·中国—东盟区域经贸及物流合作论坛 ·商务早餐会 ·中国—东盟矿业合作论坛暨展示会
第八届	深化区域合作，实现共同繁荣	·开幕式 ·马来西亚总理纳吉布与中国企业CEO圆桌对话会 ·中国—东盟商品交易中心启动仪式 ·中国—东盟电信高峰论坛 ·中国—东盟商会领袖论坛 ·商务早餐会 ·国际商务书画展 ·中国—东盟矿业合作论坛
第九届	互联互通，携手共赢	·开幕式 ·缅甸国家领导人与中国企业CEO圆桌对话会 ·中国—东盟商品交易中心落成仪式暨商品展 ·中国—东盟商会领袖论坛 ·商务早餐会 ·国际商务书画展 ·2012中国—东盟金融博览会 ·中国—东盟矿业合作论坛

续表

届次	主题及议题	主要活动
第十届	推进互联互通，深化行业合作	· 开幕式 · 中国—东盟建立战略伙伴关系10周年经贸合作对话会 · 菲律宾共和国国家领导人与中国企业CEO圆桌对话会 · 第二次中菲商务理事会会议 · 中国—东盟港口城市合作网络论坛 · 商务早餐会 · 中国—东盟商会领袖论坛 · 东盟企业家赴广西沿海考察项目

中国南宁—新加坡经济走廊

2006年7月，在环北部湾合作论坛上，时任广西壮族自治区党委书记刘奇葆提出了构建中国—东盟"一轴两翼"区域合作新格局的战略构想，即构建由泛北部湾经济合作区、大湄公河次区域两个板块和中国南宁—新加坡经济走廊一个中轴组成区域经济合作新格局。

中国南宁—新加坡经济走廊是以南宁—河内—金边—曼谷—吉隆坡—新加坡铁路和高等级公路为依托形成的通道经济走廊，是一个区域经济发展轴，地处泛北部湾区域所处的太平洋西岸沿海地区。它以南宁、河内、万象（或金边、胡志明）、曼谷、吉隆坡、新加坡等沿线大城市为依托，以铁路、公路为载体和纽带，以人流、物流、信息流、资金流为基础，沿途连接中国、越南、老挝（或柬埔寨）、泰国、马来西亚、新加坡等7个国家，开展区域内投资贸易以及工业、农业、旅游、交通、服务等产业合作，构建沿线优势产业群、城镇体系、口岸体系以及边境经济合作区，促进各种资源和生产要素的跨区域、跨国流动，以形成优势互补、区域分工、联动开发、共同发展的跨国经济走廊。如果将中国南宁—新加坡经济走廊再向东延伸至东部的广州市和香港特别行政区，就形成"一廊贯七国连十城"的区域经济大格局，构成太平洋西岸新的经济增长带。

根据中国—东盟自由贸易区建设的进程，还需要不断地充实和扩大次区域合作的内容和范围。中国南宁—新加坡经济走廊，已经被提到中国—东盟自由贸易区建设的议事日程，并逐步被越来越多的国家和人民所接受和达成共识。建设中国南宁—新加坡经济走廊，成为2010年在南宁举办的第五届泛北部湾经济合作论坛热议话题和会议主题。会上，中国和东盟国家智库专家联合提出了五点倡议推进中国南宁—新加坡经济走廊建设。在推进泛北部湾区域经济合作中，中国南宁—新加坡经济走廊可作为泛北部湾区域经济合作的重大优先项目予以加快开发建设。

大湄公河次区域合作

大湄公河次区域合作（简称GMS）是由亚洲开发银行于1992年根据该银行成立时确定的宗旨，旨在促进中国、老挝、缅甸、柬埔寨、泰国、越南间的合作，经与湄公河沿岸各方进行磋商后发起的区域合作。大湄公河次区域合作包括缅甸、老挝、越南、柬埔寨、泰国和中国（云南和广西两省区）6个国家。总面积达230万平方公里，人口达2.5亿，与GMS国家接壤的云南和广西两省区是中国参加GMS合作的前沿。GMS合作是中国与东盟各国开展经济合作的重要组成部分。

目前，大湄公河次区域经济合作经过各国的积极协商和努力配合，主要在交通、能源、电信、农业、环保、贸易、投资、人力资源和旅游九大重点领域开展合作。2001年第十次部长级会议通过了《大湄公河次区域经济合作未来10年战略框架》，提出了建设重要交通走廊、电信骨干网、电力联网与投资、贸易、旅游等十一大标志性项目，已经在8个重点领域开展了近100个项目的合作，并已取得了显著成效。

在推动GMS合作的过程中，三年一次的领导人会议在确立合作目标、引导合作方向、提出重大举措等方面发挥了至关重要的作用。2002年11月，GMS首次领导人会议在柬埔寨金边举行，批准了《次区域发展未来十年（2002—2012年）战略框架》，并决定其后每三年在成员国轮流举行一次GMS领导人会议。

GMS 合作开始上升到领导人层级，由此进入了全面、快速发展的新阶段。2005年7月，第二次领导人会议在中国昆明举行，确立了"相互尊重、平等协商、注重实效、循序渐进"的合作指导原则，批准和签署了交通与贸易便利化、生物多样性保护、信息高速公路建设等多项合作倡议和文件，合作由此迈上新台阶。此次会议上把广西纳入大湄公河次区域合作的提议获得批准，广西作为继我国云南省之后第二个省区正式参与合作。2008年3月，第三次领导人会议在老挝万象举行，通过了《2008—2012年次区域发展万象行动计划》，签署了电力贸易路线图、经济走廊均衡与可持续发展等合作文件，合作进一步拓展和深化。2011年12月，第四次领导人会议在缅甸内比都举行，审议确定未来十年的合作战略框架，批准《大湄公河次区域经济合作新十年战略框架（2012—2022）》，并签署涉及农业、环境保护、信息高速路建设等多个领域相关文件和协议。2012年12月，大湄公河次区域经济合作第十八次部长级会议在广西南宁召开，此次会议是2011年大湄公河次区域第四次领导人会议通过大湄公河次区域新十年战略后召开的首次部长级会议，各成员国签署了《关于成立区域电力协调中心的政府间谅解备忘录》，决定成立GMS铁路联盟，并承诺加快次区域知识平台建设，推动交通走廊向经济走廊转变，并就制定区域投资框架的关键问题达成共识。

二、泛北部湾经济合作的内涵和外延

（一）基本内涵

泛北部湾经济合作是在中国—东盟自由贸易区框架下开展的次区域合作。主要包括文莱、印度尼西亚、马来西亚、菲律宾、新加坡、泰国、越南等泛北国家和中国的广西、广东、海南等省区，在中国—东盟自由贸易区框架下，以"共建中国—东盟新增长极"为宗旨，以"优势互补、合作共赢、共同繁荣发展"为原则，在区域内积极开展各种经贸合作和人文交流，不断深化中国—东盟全面合作，巩固提升中国—东盟战略伙伴关系，促进本地区共同繁荣、发展、进步。

□ 2012年第七届泛北部湾经济合作论坛

（二）地位作用

首先，泛北部湾经济合作是中国—东盟全面合作的重要平台。一方面，根据中国—东盟全面合作与发展的需要，泛北部湾经济合作深入开展中国—东盟互联互通建设、中国南宁—新加坡经济走廊建设、贸易投资便利化、港口物流、产业、金融、环境等重要领域合作，成为中国—东盟全面合作的重要载体。另一方面，泛北部湾经济合作各方广泛开展各种经贸合作，有力地推动了中国与东盟十国的经贸往来，促进了区域内各方经济社会的繁荣发展。自2006年以来，泛北部湾区域国家共同推动旅游、金融、文化等合作，共建产业园区，泛北部湾经济合作领域不断拓展、合作层次不断提升、合作成果不断丰富，成为中国与东盟全面合作框架下的次区域合作的一大亮点。2011年，中国与东盟双边贸易额达到3629亿美元，2013年，达到4436亿美元。中国成为东盟最大贸易伙伴，东盟成为中国第三大贸易伙伴。

泛北部湾经济合作是贯彻落实中国—东盟合作各种协议、协定的重要渠道。泛北部湾经济合作论坛作为泛北部湾经济合作的重要平台，自2006年举办首届以来，先后围绕《中国—东盟全面经济合作框架协议》提出的重要合作任务以及中国—东盟自由贸易区《货物贸易协议》、《服务贸易协议》和《投资协议》涉及的重大合作事项，组织中国、东盟各国以及其他国家和地区的政府官员、专家学者、企业家代表，进行广泛深入的专题演讲、交流和探讨，达成一系列共识。泛北论坛先后举办"泛北部湾区域基础设施项目建设与合作"、"中国—东盟自由贸易区建成与南宁—新加坡通道建设"、"北部湾对话世界500强——泛北部湾经济合作中的国际投资与产业发展"、"泛北部湾航运、港口、物流合作"、"泛北智库峰会——区域联通与垮境合作"、"泛北部湾金融合作峰会——跨境贸易和投资"、"泛北部湾旅游合作峰会"等一系列专题演讲，不断深化中国和东盟各国以及社会各界对中国—东盟全面合作的了解、认识与共识，并推动由共识走向实践。在泛北部湾经济合作的推动下，中国和东盟十国还专门成立了泛北部湾经济合作联合专家组，多次召开联合专家组会议，商议泛北部湾经济合作重大事项，并于2011年形成《泛北部湾经济合作可行性研究报告》，提交给中国—东盟领导人会议，并获得通过。由此可见，泛北部湾经济合作在深入贯彻落实中国—东盟全面合作的各种协议、协定和主张方面，具有重要推动作用。

其次，泛北部湾经济合作是中国—东盟全面合作的"试验田"。泛北部湾地区是中国—东盟全面合作的前沿地带。自开展泛北部湾经济合作以来，泛北部湾地区日渐成为中国—东盟全面合作的"先行先试区"。2008年1月，中国批准实施《广西北部湾经济区发展规划》，把广西北部湾经济区定位为"中国—东盟开放合作的物流基地、商贸基地、加工制造基地和信息交流中心"以及"重要国际区域经济合作区"，赋予广西北部湾经济区"先行先试"政策。此后，广西北部湾经济区先后建立钦州保税港区、凭祥综合保税区和南宁保税物流中心，并赋予北海出口加工区拓展保税物流功能，使广西北部湾经济区初步建成区域性保税物流体系。2010年，中国在中越边境线上批准设立"东兴国家开发开放重点试验区"，进一步提升了广西北部湾经济区在国际开放合作中的前沿地位。与此同时，在中越边境，中越两国自2007年起积极推动跨境经济合作区的建设，中国广西与越南谅山、广宁和高平三省就共同推动中越凭祥—同登、东兴—芒街、龙邦—茶岭跨境经济合作区建设达成了共识。在2011年举办的第六届泛北部湾经济合作论坛上，广西壮族自治区主席马飚提出："希望通过跨境经济合作区建设，使之建设成为中国—东盟自由贸易区下的'一区两国'的先行先试的合作示范区。"尤其是，中国和马来西亚政府合作的第一个产业园区——中国—马来西亚钦州产业园（即中马钦州产业园）于2012年4月在广西钦州正式开园。同月，中国和马来西亚政府还达成了合作共建马来西亚—中国关丹产业园的合作协定。中马两国合作共建产业园区，开创了中国—东盟全面合作的先例，同时，中马两国采取"两国双园"合作模式，也开创了中国产业园区国际合作的先河。上述一系列"先行先试"实践，充分体现了泛北部湾经济合作在中国—东盟全面合作中的先行功能和重要"试验田"作用。

最后，泛北部湾经济合作在推动中国—东盟命运共同体建设中发挥了重要作用。"睦邻、安邻、富邻"是中国一贯的周边外交政策。泛北部湾经济合作作为中国—东盟自由贸易区框架下的一种次区域合作，也肩负着促进泛北部地区共同繁荣发展、和平友好的使命。泛北部湾经济合作通过优势互补、合作共赢，全面深入推进中国—东盟互联互通建设合作、中国南宁—新加坡经济走廊建设合作、城市合作、贸易投资便利化合作、海上港口航运合作、产业合作、金融合作、环境合作等，将极大促进区域内合作各方各种生产要素的优势互补和相互交流，极大促进区域分工和经贸合作，极大提升区域凝聚力、竞争力、综合实力和发展水平，极大增进合作各方的福祉，并将最终形成命运共同体，在中国—东盟自由贸易区建设和中国—东盟全面合作乃至在世界经济舞台中发挥重要作用。

（三）合作领域

泛北部湾经济合作主要在中国—东盟互联互通建设、中国南宁—新加坡经济走廊建设、城市联盟、港口物流、贸易投资便利化、产业、金融、海洋、环境、人文等领域开展合作。

1. 中国—东盟互联互通建设

在2011年第十四次中国—东盟领导人会议暨中国—东盟建立对话关系20周年纪念峰会上，与会领导人同意建立"中国—东盟互联互通合作委员会"，中国—东盟互联互通建设成为中国—东盟全面合作的一项新的重要任务。2012年9月，中国国家副主席习近平在第九届中国—东盟商务与投资峰会暨2012年中国—东盟自由贸易区论坛开幕式上的致辞中指出，实现东盟内部以及中国—东盟的互联互通，是深化经贸合作和人员往来的重要基础，是促进域内经济融合、提升地区竞争力的战略举措，要更大力度推进互联互通建设，加强同东盟国家的陆上通道建设，构筑双方海上互联互通网络。泛北部湾地区作为中国与东盟海陆相连的纽带，责无旁贷地肩负着中国—东盟互联互通建设的重任。泛北部湾经济合作各方要加快推进中国—东盟陆路互联互通、海上互联互通、航空互联互通建设。

2. 中国南宁—新加坡经济走廊建设

中国南宁—新加坡经济走廊纵贯中国泛珠三角地区和中南半岛国家，贯通中国、越南、老挝、柬埔寨、泰国、马来西亚和新加坡等7个国家，连接中国南宁以及河内、万象、曼谷、吉隆坡、新加坡等东盟国家主要政治经济文化中心城市，全长3000多公里，是连接中国和东盟经济板块的重要国际大通道，是中国—东盟互联互通的一条重要陆路通道，具有国际运输通道功能、区域增长极功能、经济辐射功能。

建设中国南宁—新加坡经济走廊，无论是对于实现东盟内部的互联互通，还是中国—东盟的互联互通，都具有重大现实意义和深远历史意义。泛北部湾地区共同推进中国南宁—新加坡经济走廊建设，可以实现中国与中南半岛的无障碍贯通，实现中国与东盟之间的海陆联动，成为泛北部湾经济合作的重要载体。自2006年7月在首届环北部湾经济合作论坛上广西提出建设中国南宁—新加坡经济走廊构想以来，得到了沿线东盟国家的积极回应，已成为泛北各国的共识。2010年8月，在南宁举行的第五届泛北部湾经济合作论坛上，中国、越南、老挝、泰国、马来西亚、新加坡等泛北部湾地区国家智库机构联合发布了关于推进中国南宁—新加坡经济走廊建设的倡议。2011年，泛北智库峰会举行了联合研究备忘录签署仪式，同年，泛北部湾经济合作论坛闭幕式上发布了《2011年泛北部湾智库峰会宣言》。与会者一致认为，中国南宁—新加坡经济走廊是建设泛北部湾经济合作的重要组成部分，对促进东盟一体化将发挥重要作用，对促进沿线区域经济发展和体现沿线居民福祉具有重大意义。同时，建议从三方面加快中国南宁—新加坡经济走廊建设：一是交通基础设施，包括高速公路、铁路等方面建设。二是产业投资和物流合作。三是推进沿线跨境合作，使中国南宁—新加坡经济走廊在局部形成突破和示范效应，最终使整个经济走廊得以贯通。

3.城市联盟

泛北部湾地区拥有数量众多，大、中、小城市相聚一起的庞大城市群。区域内各城市规模和发展水平各不相同，存在较强的互补性，经济合作潜力巨大。2012年7月，在第七届泛北部湾经济合作论坛上，专门开设了泛北部湾城市发展峰会，与会者形成了一系列加强泛北部湾城市合作的共识。与会嘉宾纷

□ 2012年泛北部湾城市发展峰会

纷提出泛北城市"抱团"合作，共同促进经济繁荣发展的设想。认为城市是交流合作的重要载体，必须逐步建立泛北国家城市间经常性互访和双边、多边磋商机制，促进多层次对话交流，推动双边城市间建立姐妹城市、友好城市，促进产业整合、结构升级。建设成为充满活力、务实合作、平等共进的泛北城市群，必将为泛北部湾经济的崛起和腾飞做出积极的贡献。

4.港口物流合作

泛北部湾地区地处中国—东盟自由贸易区和中国华南经济圈、西南经济圈的结合部，区域内港口众多，仅东盟国家就有各类港口100多个，是世界港口密集区。泛北部湾各国港口的区位优势和资源优势各不相同，港口及物流基础设施参差不齐，大多数标准化程度较低，各种运输方式之间的装备标准也不统一，因此各港口建设存在优势互补和相互合作的机会。泛北部湾港口和海运作为区域内经济交流的重要通道和枢纽，作为中国—东盟经贸发展和泛北部湾经济合作的重要载体和平台，在中国—东盟自由贸易区全面建成和中国—东盟贸易大幅增长的背景下，不但对泛北部湾各港口和航运的发展提出了更高的要求，也更加坚定了泛北各方加快推进港口物流合作的决心和信心。2010年8月，在第五届泛北部湾经济合作论坛上，"泛北部湾航运、港口、物流合作"成为泛北论坛的三大议题之一，来自中国和东盟国家航运、港口和物流等行业的企业高管相聚一堂，就此议题进行了深入探讨。尤其是在此次论坛上，中国广西、广东、海南等省区的多家港口物流企业与新加坡、柬埔寨、泰国的港口、航运公司在广西南宁签署合作协议，相互开通集装箱、散货航运班线并缔结友好港口。这标志着泛北部湾地区各国开始联手打造跨国港口航运网络。泛北各方要从优化区域内港口布局、改善集疏运系统、推进标准化建设、加强对话交流等方面入手，加强港口物流合作，为泛北部湾经济合作和中国—东盟自由贸易区繁荣发展提供高效、便捷、安全的海上物流支撑。

5.贸易投资便利化合作

贸易投资便利化是促进泛北各方贸易合作和投资合作的重要举措，是全面贯彻落实中国—东盟自由贸易区《货物贸易协议》、《服务贸易协议》

和《投资协议》的重要保障。对此，中国海关总署、商务部等部门在往年泛北部湾经济合作论坛上，明确提出了促进贸易投资便利化的具体措施。包括加强口岸建设，提升口岸等级，制订符合泛北部湾经济发展实际的口岸建设和验收标准，使中国北部湾区域口岸更好地与泛北部湾区域东盟国家口岸对接；开展与泛北部湾区域东盟国家的行政互补合作，加快中国与东盟国家海关合作互助谈判进程，协调和简化海关制度，促进进出口贸易的便利化；积极推进电子口岸建设，开展"一站式"通关检查，提高通关效率；加快推进钦州保税港区的开发建设，发挥政策优势、通关优势和环境优势，承接国家产业分工和国际服务业的转移，为泛北部湾贸易投资合作提供平台。

6.产业合作

产业合作是泛北部湾经济合作的核心内容。具体包括农业合作、旅游合作、矿业合作、电子信息产业合作以及产业园区建设合作等。2012年7月举办的第七届泛北部湾经济合作论坛联合专家组，组织讨论了由中方专家提交的《泛北部湾农业合作专项规划》。在此届泛北部湾经济合作论坛上，专门召开了泛北论坛电子信息产业发展峰会和中国—马来西亚产业合作峰会。在电子信息产业发展峰会上，与会企业家代表和专家学者就"泛北电子信息产业发展趋势"、"泛北电子信息产业转移"、"泛北电子信息产

□ 2012年泛北部湾电子信息产业发展峰会

业链延伸"三大主题进行演讲。会上，举行电子信息产业项目投资协议签字仪式，有关单位与北海市签订了高新技术服务业基地、电子产品配套包装材料生产、汽车马达制造等7个投资项目，总额7.8亿元。同时，会上还发布了泛北论坛电子峰会倡议书。

在2012年泛北论坛中马产业合作峰会上，各国政要、专家、学者、企业家围绕"国际经济合作区建设经验及中马钦州产业园区建设"主题，共商中马产业合作大计，共谈中马钦州产业园的发展。同时，在泛北论坛上，广西壮族自治区主席马飚认为："合作共建产业园区是泛北部湾经济合作机制的创新，是泛北部湾经济合作的新亮点。"并且建议："把共建产业园区作为实现路径和有效形式，推动泛北部湾经济合作迈上新台阶。"

□ 2012年中国—马来西亚产业合作峰会

7.金融合作

金融是经济发展的重要要素，是区域经济合作的重要纽带和支撑。在泛北部湾经济合作进程中，金融合作不断加强。2011年，召开了泛北部湾金融合作论坛。新加坡星展银行已在广西南宁设立分行。中资银行金融机构在东盟国家设立8家分行。驻广西中资银行机构与东盟各国建立的代理行、境外账户达94家。中国工商银行中国—东盟人民币跨境清算（结算）

□ 2011年泛北部湾金融合作论坛

中心在广西南宁开业，广西金融电子结算服务中心和中国—东盟货币服务中心加快建设。到2013年年底广西累计办理跨境人民币结算业务突破2000亿元。

8.海洋合作

在泛北部湾经济合作的区域空间中，有350万平方公里为南海海域面积。这片广阔的海洋，有着十分丰富的资源。加强泛北部湾海洋资源开发与海洋环境保护合作，潜力巨大。泛北部湾各国和地区应致力落实《南海各方行为宣言》，加强双边合作，积极开展海洋经济、海洋文化、海洋科研、海洋环境保护、海上非传统安全等各领域合作，使南海成为和平之海、友谊之海、合作之海。

9.环境合作

泛北部湾经济合作致力打造中国—东盟新增长极，面临的环境问题越来越突出，面临的可持续发展问题越来越严峻。除了上述提到的海洋环境压力，还面临资源节约、自然生态系统保护、生物多样性保护以及大气、水、土污染防治等一系列重大问题。要从全局性、战略性、长远性、可持续性的高度，把环境保护合作列为泛北部湾经济合作的优先领域。

10.人文合作

主要包括泛北部湾地区科技合作、文化合作、教育合作、卫生合作等。在科技全球化、文化全球化、教育全球化背景下，加强泛北科技、文化、教育等领域合作，不仅是经济全球化和区域经济一体化发展的必然趋势，更为重要的是可以增进泛北地区科技、文化、教育、卫生的交流与发展，同时，还可以为泛北部湾经济合作提供科技支撑、人才支撑和文化底蕴等。

第三章

从共识到实践　以合作促共赢

——泛北部湾经济合作的进展与成效

一、合作平台和机制建设

（一）泛北部湾经济合作论坛

泛北部湾经济合作论坛是由广西壮族自治区人民政府会同中国有关部委、广东和海南省人民政府以及亚洲开发银行、泰国商务部等在广西举办的一个开放式的研究、交流和沟通平台，已成为泛北部湾区域各国政府官员、专家学

□ 2012年第七届泛北部湾经济合作论坛

者、企业精英相互交流、共同展望、制订规划、推进合作的场所。它是中国—东盟区域合作的一种重要机制，宗旨是共建中国—东盟新增长极，共同推进泛北部湾经济合作，构建中国—东盟区域经济合作新格局。

泛北部湾经济合作论坛自2006年开始举办以来，至2012年已成功举办7届（见表3-1）。

表3-1　　　第一届至第七届泛北部湾经济合作论坛情况

届次	举办时间及地点	主　题	主要议题	主办单位
第一届	2006年7月20—21日，中国广西南宁	共建中国—东盟新增长极	1.环北部湾区域合作的未来发展；2.环北部湾区域合作机制的建立与路径；3.环北部湾区域合作的启动与实施	国务院西部地区开发领导小组办公室、财政部、中国人民银行、国务院发展研究中心、人民日报社、亚洲开发银行、广西壮族自治区人民政府
第二届	2007年7月26—27日，中国广西南宁	共建中国—东盟新增长极：新平台、新机遇、新发展	1.泛北部湾经济合作与中国—东盟自贸区建设；2.泛北经济合作的机制、产业发展与金融支撑；3.泛北部湾交通、港口、旅游合作	国务院西部地区开发领导小组办公室、财政部、交通部、商务部、中国人民银行、国家旅游局、国务院发展研究中心、人民日报社、国家开发银行、亚洲开发银行、广西壮族自治区人民政府
第三届	2008年7月30—31日，中国广西北海	共建中国—东盟新增长极：沟通、合作、繁荣	1.世界经济发展不平衡不确定性背景下的泛北部湾经济合作；2.泛北部湾次区域合作的重点难点和趋势；3.广西北部湾经济区开放开发与泛北部湾经济合作	国家发展和改革委员会、交通运输部、商务部、中国人民银行、海关总署、国家旅游局、国务院发展研究中心、人民日报社、国家开发银行、亚洲开发银行、广西壮族自治区人民政府、海南省人民政府

续表1

届次	举办时间及地点	主　题	主要议题	主办单位
第四届	2009 年8 月6—7 日，中国广西南宁	共建中国—东盟新增长极：拓展合作、化危为机	1.全球金融危机与泛北部湾经济合作；2.泛北部湾区域基础设施项目建设与合作；3.北部湾地区与东盟各次区域的合作发展	国家发展和改革委员会、商务部、交通运输部、中国人民银行、海关总署、国家旅游局、国务院发展研究中心、人民日报社、国家开发银行、泰国商务部、广西壮族自治区人民政府、广东省人民政府、海南省人民政府
第五届	2010 年8 月12—13日，中国广西南宁	中国—东盟自贸区建设与泛北部湾经济合作	1.中国—东盟自贸区建成与中国南宁—新加坡通道建设；2.北部湾对话世界五百强——泛北部湾经济合作中的国际投资与产业发展；3.泛北部湾航运、港口、物流合作	国家发展和改革委员会、交通运输部、商务部、中国人民银行、海关总署、国家旅游局、国务院发展研究中心、人民日报社、国家开发银行，泰国商务部、广西壮族自治区人民政府、海南省人民政府、广东省人民政府
第六届	2011 年8 月18—19日，中国广西南宁	中国—东盟自贸区建设与泛北部湾经济合作	1.泛北智库峰会——区域联通与跨境合作；2.泛北部湾金融合作峰会——跨境贸易和投资；3.泛北部湾旅游合作峰会	中国国家发展和改革委员会、交通运输部、铁道部、商务部、海关总署、国家旅游局、国务院发展研究中心、人民日报社、国家开发银行，泰国商务部，中国广西壮族自治区人民政府、广东省人民政府和海南省人民政府
第七届	2012 年7 月12—13日，中国广西南宁	泛北部湾区域经济合作与共同繁荣	1.泛北智库峰会——全球经济再平衡；2.泛北城市发展峰会；3.泛北电子信息产业发展峰会；3.中国—马来西亚产业合作峰会	国家发展和改革委员会、交通运输部、铁道部、商务部、中国人民银行、海关总署、国家旅游局、国务院发展研究中心、人民日报社、国家开发银行和泰国商务部以及广西壮族自治区人民政府、海南省人民政府、广东省人民政府

几年来，泛北部湾经济合作论坛以高层次、国际化、理论性的鲜明特色，得到了党中央、国务院领导的高度重视和东盟相关国家的积极回应，在深化中国—东盟经济合作中发挥了积极的推动作用，并取得了重大成效。

（1）推动泛北合作正式纳入中国—东盟全面合作框架，上升为由各国政府层面共同推动的次区域合作项目。《泛北部湾经济合作可行性研究报告》经2011年第六届泛北部湾经济合作论坛发布后，在同年8月12日召开的第十次中国—东盟（10+1）经贸部长会议上得到参会各国部长们的欢迎，并决定将其提交2011年召开的中国—东盟领导人会议讨论。2011年11月，第十四次中国—东盟领导人会议通过了《泛北部湾经济合作可行性研究报告》，表明泛北合作正式纳入中国—东盟全面合作框架，上升为由各国政府层面共同推动的新兴的次区域合作项目，在泛北合作进程中具有里程碑意义。

（2）形成了一系列具有重大意义的倡议和宣言，如《推进"南宁—新加坡经济通道"建设联合倡议》、《2011泛北部湾智库峰会宣言》等。

推进"南宁—新加坡经济通道"建设联合倡议

2010年8月13日上午，在第五届泛北部湾经济合作论坛闭幕式上，马来西亚战略与领导研究所首席执行官杨元庆代表中国和东盟的15个智库发布《推进"南宁—新加坡经济通道"建设联合倡议》。倡议全文如下：

一、沿线各方应加强合作，共同开展对中国南宁—新加坡经济通道的可行性的研究。建议由沿线国家智库的专家组成联合专家组，着手开展对中国南宁—新加坡经济通道的调查研究，形成可行性研究报告，上报沿线各国政府，使通道经济合作上升至各国国家战略层面。

　　二、加强基础设施建设规划合作。建议沿线各国在基础设施规划时要尽可能考虑与邻近国家相对接，并优先将中国南宁—新加坡经济通道的铁路、高等级公路、口岸和信息建设纳入规划，增强沿线各国的互连互通、客货跨境运输和通关便利化。

　　三、按照"先易后难、各方受惠"的原则，建议沿线各国率先在国际贸易、国际旅游、客货跨境运输等领域开展双边或多边合作。

　　四、建议多层次的合作机制。建议在中国—东盟"10+1"框架下建立中国南宁—新加坡经济通道多层次合作机制，首先召开沿线国家智库合作论坛、建立旅游合作机制、国际物流合作机制等。

　　五、逐步在沿线国家实施客货运输通关便利化措施。建议将GMS客货运输便利化措施推广至中国南宁—新加坡经济通道应用。

资料来源：《广西日报》2010年8月14日第1版

　　（3）泛北部湾经济合作论坛通过不断创新，精心设计每届论坛主题和议题，并根据主题有针对性地邀请政界、学界、商界及企业界人士参加论坛。通过深入交流、沟通和洽谈，论坛已促成相关各方签订了一批合作协议（见表3-2）。

表3-2　历届泛北部湾经济合作论坛签订的协议一览表

时间及届次	签订的合作协议或备忘录内容
2010年第五届	第五届论坛签约的项目共七项：分别是广西北部湾国际港务集团与海南港航控股有限公司签订广西北部湾港与海南海口港战略合作协议、与广州港集团签订开通内贸集装箱班轮航线合作协议、与中海集装箱运输股份有限公司签订集装箱班轮航线合作协议、与新加坡万邦航运公司签订开通东盟集装箱和散杂货不定期班轮航线合作协议、与泰国RCL宏海箱运公司签订开通东盟集装箱班轮航线合作协议、与柬埔寨西哈努克港签订广西北部湾港和柬埔寨西哈努克港缔结友好港协议、与新加坡裕廊港签订广西北部湾港和新加坡裕廊港缔结友好港协议

续表

时间及届次	签订的合作协议或备忘录内容
2011年第六届	1.第六届泛北论坛金融合作峰会举行签约仪式，共签订金融合作协议共14个，内容包括中外银行结算合作、贷款授信，以及银企结算业务、项目融资等。参加签约的中外银行有越南工商银行、越南农业及农村发展银行、西贡河内商业股份银行、泰国盘古银行、中国农业银行、中国银行、中国建设银行、中国工商银行、国家开发银行等；签约企业有广西南南铝加工有限公司、广西北部湾国际港务集团有限公司、广西玉柴机器集团有限公司等近10家。中国银行广西分行与越南农业及农村发展银行芒街分行签署了战略合作协议。中国农业银行与越南工商银行芒街分行签署跨境人民币合作协议 2.第六届泛北论坛旅游合作峰会举行旅游合作项目签约仪式，共有4个旅游合作项目举行了签约：亚太旅游协会与广西旅游局交换了《旅游合作备忘录》；越南金莲国游与广西中国国际旅行社签订了合作备忘录；印尼DEKS航空旅运有限公司与广西康辉国际旅行社有限公司签订旅游组团协议；海南省旅游委与广西旅游局签订了旅游质监执法合作协议
2012年第七届	1.第七届泛北论坛城市发展峰会召开期间，南宁市与相关企业、部门就五星级酒店、照相感应光材料生产等六大投资项目进行现场签约，签约额达24.76亿元 2.第七届泛北论坛电子信息产业发展峰会期间，举行电子信息产业项目投资协议签字仪式，北海市与相关企业就高新技术服务业基地、电子产品配套包装材料生产、汽车马达制造等签署了电子信息产业项目协议9项，投资总额7.8亿元

（4）连续7届泛北部湾经济合作论坛对推进泛北合作最急迫解决的重大课题进行了广泛深入的探讨，达成和形成了一系列促进泛北合作以及中国—东盟合作的重要共识和观点、建议（见表3-3），对推进泛北部湾经济合作从共识走向实践，从实践走向合作，从合作走向共赢起到了重要作用。

表3-3 第一届至第七届泛北部湾经济合作论坛所达成和形成的共识和观点、建议一览表

时间及届次	达成的共识和形成的观点、建议
2006年第一届	发表了《环北部湾经济合作论坛主席声明》，首次提出了构建泛北部湾经济合作区，构筑南宁—新加坡经济走廊，深化和拓展大湄公河次区域合作，从而形成由泛北部湾经济合作区、大湄公河次区域合作两个板块和南宁—新加坡经济走廊一个中轴构成的"一轴两翼"M型区域合作大格局
2007年第二届	宣读了《泛北部湾经济合作研究报告》，并发表了《泛北部湾经济合作论坛主席声明》，深化了对推动泛北部湾经济合作意义的认识，提出了推进泛北部湾经济合作应遵循的三项原则，明确了启动泛北部湾经济合作的重要措施，提出了务实推进泛北部湾经济合作的行动建议
2008年第三届	1.与会各方达成泛北部湾经济合作将进一步推进和加速中国—东盟自由贸易区的进程，并将在提高经济一体化、促进相关国家的经济和社会发展上发挥重要的作用的共识 2.与会各方愿意加强交流和协作，共同努力把泛北部湾经济合作建设成为中国—东盟自由贸易区框架下的新的次区域合作 3.泛北部湾经济合作联合专家组正式成立并召开第一次工作会议，建议东盟秘书处将本次会议的总结提交将于2008年8月在文莱召开的东盟经济高官会及东盟—中国经济磋商机制审议
2009年第四届	1.达成应对全球金融危机更需要加强泛北部湾经济合作的广泛共识 2.提出加快中国南宁—新加坡经济走廊建设，推动形成中国南宁—新加坡通道经济带，是加强中国—东盟合作和泛北部湾经济合作的迫切需要和战略关键 3.提出应积极利用中国设立100亿美元中国—东盟投资合作基金和提供150亿美元信贷资金，加快泛北部湾区域基础设施建设步伐

续表

时间及届次	达成的共识和形成的观点、建议
2009年第四届	4.泛北部湾经济合作机制化建设实现突破。泛北部湾经济合作联合专家组召开第三次工作会议，充分讨论了《泛北部湾经济合作可行性研究报告》，讨论通过了《关于加快泛北部湾经济合作的行动建议》 5.泛北部湾经济合作中方秘书处正式揭牌成立，秘书处设在广西
2010年第五届	1.总结了泛北合作5周年取得的成绩，分析了中国—东盟自由贸易区建成为泛北合作带来的历史性机遇，对以中国南宁—新加坡经济通道建设为重点，拓展泛北合作的空间和如何通过加快产业发展和航运、港口、物流合作来深化泛北合作达成了一系列共识、形成了一系列观点 2.泛北部湾相关六国国家智库机构发布了推进中国南宁—新加坡经济通道建设联合倡议
2011年第六届	1.论坛对加强区域联通与跨境合作、扩大跨境贸易和投资以及深化旅游合作达成和形成了一系列新的共识和重要的意见、观点 2.论坛闭幕式上宣布了《泛北部湾经济合作可行性研究报告》 3.与会的泛北部湾相关国家智库机构发布了《泛北部湾智库峰会宣言》，并签署了泛北部湾智库联合研究机制备忘录
2012年第七届	1.论坛全面深入总结了泛北合作六年来取得的成绩，对如何进一步深化泛北合作提出了很多有见地的观点，对推进泛北区域城市发展合作、电子信息产业合作、产业园区合作等达成了一系列共识 2.通过本届泛北论坛形成了泛北智库峰会的机制 3.城市合作成为泛北合作的重要载体 4.推动中马产业园区合作成为泛北合作的典范，对中国—马来西亚产业合作模式、发展重点和方向等方面进行了深入探讨和交流，提出了富有建设性的意见和建议，形成了《中国—马来西亚产业合作峰会声明》 5.电子信息产业拓展泛北合作新领域

第七届泛北部湾经济合作论坛中国—马来西亚产业合作峰会声明

（2012年7月13日）

2012年7月12日—13日，中国—马来西亚产业合作峰会在第七届泛北部湾经济合作论坛期间举行，来自中国大陆、马来西亚、印尼、英国、韩国、中国香港、中国台湾等国家或地区的官员、专家学者、企业家、媒体记者等出席会议。峰会围绕中国—马来西亚产业合作模式、发展重点和方向、中马钦州产业园区产业定位及园区国际合作等方面进行了深入探讨和交流，提出了富有建设性的意见和建议，取得了积极的成果：

一、中国与马来西亚在贸易、投资、经济合作等方面形成了全面发展的新格局。在中国—东盟互利合作的框架下，中国与马来西亚经贸合作日益密切，尤其是广西及钦州凭借优越的区位优势、便利的交通条件、开放的合作平台等，在两国经贸合作与交流中发挥独特的重要作用，为深化产业合作奠定了坚实的基础。

二、深化中马产业合作，需要构建富有特色的合作平台。产业园区是国际产业转移与合作的重要平台和载体，合作共建产业园区是泛北合作机制的创新。中马两国政府联手共建中马钦州产业园区和马中关丹产业园区，开创了"两国双园"园区国际合作新模式，必将成为中国—马来西亚、中国—东盟合作的新平台、新动力、新亮点。

三、深化中马产业合作，应推动产业升级和优势互补。产业对接与选择是园区发展的重中之重。按照中马双方产业升级和转型发展的目标要求，中马两国产业合作首先要立足现有基础，深化双方特色优势产业合作，其次要着眼未来发展，拓展产业合作领域，培育战略性新兴产业，联手抢占国际产业发展的制高点。

四、深化中马产业合作，需要建立互联互通的信息平台和物流体系。产业发展与信息平台、物流体系互为依存，相互促进。要进一步促进中马两国港口城市联盟，加快园区及腹地铁路、高速公路、港口等基础设施建设，打造海运物流通道，建立物流信息平台，改善区域物流运输条件，实现产业和物流、港口和城市的联动发展。

　　五、深化中马产业合作，必须营造产业合作环境。应秉承持开放、合作、包容的理念，积极落实中国—东盟投资合作协议等自由贸易区优惠政策，创造公平、开放的贸易投资环境，为双方企业进入本国市场提供更加便利的条件；积极鼓励和支持双方投资促进机构、行业协会等中介组织发挥桥梁纽带作用，以各种灵活形式深入交流沟通，寻找更多合作机会。

　　中马经贸关系已进入了新阶段，中马产业合作已打造了新平台。与会代表认为，只要我们坚定信心、携手共进，中马产业合作必将成为国际产业合作的新典范，成为中国—东盟合作的新亮点，必将为促进本地区经济发展和人民福祉做出新的更大的贡献。

资料来源：《钦州日报》2012年7月14日第1版

（二）泛北部湾经济合作联合专家组及路线图

1.泛北部湾经济合作联合专家组

　　成立泛北部湾经济合作联合专家组是泛北部湾经济合作机制建设的重要内容。为推动泛北部湾经济合作联合专家组成立，中国方面于2008年1月4日在北京召开了由商务部和广西壮族自治区人民政府主办的"泛北部湾经济合作中方专家组成立暨第一次工作会议"，会上成立泛北部湾经济合作中方专家组。中方专家组将泛北部湾的名称定为"泛北部湾次区域经济合作"。中方专家组的成立使泛北部湾区域经济合作迈出了重要的一步，它将进一步推动中国巩固和发展同东盟的经济合作，在更高层次上促进双方的互利共赢和共同发展做出更大贡献。

　　在中国的倡议和东盟各国的大力支持下，2008年7月30日，在第三届泛北部湾经济合作论坛举办期间，应中华人民共和国的邀请，泛北部湾经济区合作联合专家组在广西北海宣告成立并举行了第一次工作会议，越南、文莱、马来西亚、菲律宾、新加坡等国家和东盟秘书处共派出23名官员和专家参加了联合专家组第一次会议。中方除派出16名官员和专家参加此次会议外，驻泛北部湾区域各国的商务参赞也出席了此次会议。会议认为，泛北部湾经济合作将进一步推进和加速中国—东盟自由贸易区的进程，并将在提高经济一体化、促进相关国家的经济和社会发展上发挥重要的作用。会议讨论了《泛北部湾经济合作联合专家组工作方案》和《联合专家组泛北部湾经济合作可行性研究报告》大纲，形成泛北部湾经济合作联合专家组第一次工作会议总结。会议要求，东盟秘书处将本次会议的总结提交将于2008年8月在文莱召开的东盟经济高官会及东盟—中国经济磋商机制审议，以得到进一步的指导。

□ 2008年泛北部湾经济合作联合专家组成立暨第一次工作会议

2008年10月24日，在第五届中国—东盟博览会举办期间，泛北部湾经济合作联合专家组第二次工作会议在广西南宁举行。此次会议由商务部主办，广西壮族自治区商务厅承办，泛北部湾经济合作联合专家组成员、泛北部湾经济合作中方专家组成员、中国驻泛北部湾区域国家使馆经济商务参赞等60多名代表出席了会议。会议讨论了《泛北部湾经济合作联合专家组工作方案》和《联合专家组泛北部湾经济合作可行性研究报告》大纲，明确了联合专家组的工作职责、工作方式和近期工作计划。会议还通过了《泛北部湾经济合作联合专家组行动方案》，与会专家一致同意按行动方案的时间安排开展泛北部湾经济合作的可行性研究，这标志着温家宝总理两次代表中国政府正式提出的"积极探讨开展泛北部湾经济合作的可行性"的倡议正在得到积极的推进。

2009 年 8 月 6 日，泛北部湾经济合作联合专家组第三次工作会议在 2009 年第四届泛北部湾经济合作论坛期间召开。此次会议由商务部主办，广西壮族自治区商务厅承办，泛北部湾经济合作联合专家组成员、中国驻泛北部湾国家部分使馆经济商务参赞等 50 余名代表出席了会议。本次会议对《泛北部湾经济合作可行性研究报告》（初稿）进行了讨论，通过了《关于加快泛北部湾经济合作的行动建议》，标志着泛北部湾经济合作机制化建设取得了新的重大进展。

LINK链接　关于加快泛北部湾经济合作的行动建议

一、推进重点基础设施领域合作，包括南宁—新加坡经济走廊通道建设、泛北部湾信息高速公路建设，构筑泛北部湾区域基础设施和通信网络；

二、将港口、物流、海关便利化和交通等作为泛北部湾经济合作的先导领域，共同成立工作组，组织项目的论证、评估等，先行实施一批旗舰合作项目；

三、继续在泛北部湾区域内推行交通、贸易投资便利化措施，以实际行动抵制贸易和投资保护主义；

四、建立和完善泛北部湾经济合作项目库，鼓励各类金融机构为企业参与合作提供融资支持；

五、扩大人力资源交流合作，逐步提高中高层技术和管理人员的能力；

六、考虑在中国—东盟合作框架下建立若干机制。

资料来源：《广西日报》2009 年 8 月 7 日第 5 版

2011年6月2日，泛北部湾经济合作联合专家组第四次会议在广西北海市举行。来自中国、东盟十国和东盟秘书处、亚洲开发银行的泛北部湾经济合作联合专家组代表参加会议。此次会议通过了《泛北部湾经济合作可行性研究报告》文本，标志着泛北部湾经济合作取得了实质性进展，在泛北部湾经济合作以及中国—东盟全面合作进程中具有里程碑意义，也是对2010年10月时任国务院总理温家宝在第十三次中国—东盟领导人会议上再次提出"尽快完成泛北部湾经济合作可行性研究"倡议的最终落实。此次会议通过的《泛北部湾经济合作可行性研究报告》分为泛北部湾经济合作的背景、可行性分析、合作模式、合作优先领域和行动建议五个部分。会议决定将以《泛北部湾经济合作联合专家组致中国—东盟经济高官会函》的形式，将《泛北部湾经济合作可行性研究报告》作为联合专家组的共同研究成果，提交中国—东盟经济高官会及中国—东盟经贸部长会议审核通过。会议还通过了《泛北部湾经济合作联合专家组第四次会议纪要》，就今后泛北部湾经济合作优先合作领域及措施建议等进行了讨论，提出了包括制定泛北部湾经济合作行动路线图等在内的一些行动建议。

2012年7月11日，泛北部湾经济合作联合专家组第五次会议在广西南宁市举行，来自中国和东盟国家的联合专家组成员、中方专家组成员代表出席了此次会议。此次会议讨论了中方专家提交的泛北部湾经济合作路线图（大纲）和泛北部湾经济合作7个专项合作规划，并通过了《泛北部湾经济合作联会专家组第五次会议纪要》。中方提交的泛北部湾经济合作7个专项合作规划包括《泛北部湾港口物流合作专项规划》、《南宁—新加坡经济走廊陆上交通基础设施专项规划》、《泛北部湾农业合作专项规划》、《泛北部湾贸易便利化合作专项规划》、《泛北部湾投资便利化合作专项规划》、《私营企业参与泛北部湾经济合作专项规划》和《泛北部湾地区经贸合作平台建设专项规划》。主要涉及港口物流、南新经济走廊交通基础设施、农业合作、贸易便利化、投资便利化等内容。会议同意在中方专家提出的泛北部湾经济合作路线图（大纲）基础上，由中国、东盟十国、东盟秘书处和亚洲开发银行尽快派出代表组成专家工作组，共同开展泛北部湾经济合作路线图制定工作。

　　2.泛北部湾经济合作路线图

　　泛北部湾经济合作作为推动和深化中国—东盟全面合作框架下的重要次区域合作项目，需要有一个各方共同认可、统筹区域合作的指导性规划——路线图，为各方政府部门和产业界提供合作框架与指导方向。2012年7月召开的泛北部湾经济合作联合专家组第五次会议决定由亚洲开发银行出资并牵头制定泛北部湾经济合作路线图，同年11月召开的第十四次中国—东盟领导人会议在主席声明中明确了关于制定泛北部湾经济合作路线图的倡议。由中国与东盟各国专家和国际专家共同组成的泛北部湾经济合作路线图写作组通力合作并广泛征求泛北合作各方意见，于2013年10月完成了《中国—东盟泛北部湾经济合作路线图（战略框架）》。

　　2014年1月17日，中国—东盟泛北部湾经济合作高官会在广西南宁举行，会议通过了《中国—东盟泛北部湾经济合作路线图（战略框架）》，这标志着泛北部湾经济合作向务实推进迈出了关键性一步。战略框架作为路线图的第一部分，概括了中国—东盟泛北部湾经济合作的长期目标和机制框架，并为执行机构在选择优先发展领域、制定政策方面提供指导。行动计划是路线图的第二部分，将列出首批合作项目清单以及第一个5年将采取的主要行动。

　　泛北部湾经济合作路线图在实现经济繁荣、政治稳定、环境宜人的目标中，允许具有灵活性，不同国家可以采取不同途径，以不同的速度推进合作。一旦泛北合作路线图开始实施，将有力地推动中国和东盟战略伙伴关系的发展，推动泛北合作新格局的构建，加快中国—东盟自由贸易区经济一体化的建设步伐。

（三）泛北部湾智库峰会

　　2010年5月28日，"泛北部湾智库峰会"在广西南宁市举行。来自综合开发研究院（中国深圳）、广西北部湾发展研究院、新加坡国立大学东亚研究所、越南中央经济管理研究院、越南社会科学院、越南计划与投资部发展战略研究所、马来西亚战略与国际研究所、亚洲策略与领导研究院、马来西亚经济研究所、菲律宾发展研究院、泰国发展研究院、印度尼西亚战略与国际研究院等12个智库机构的30多名专家学者围绕"泛北部湾：地区合作与发展"这一主题进行讨论和学术交流。在会上，12家智库机构共同发表了《"泛北智库峰会"成立宣言》。《"泛北智库峰会"成立宣言》倡议发起建立"泛北智库峰会"国际会议组织（PTTF），作为中国—东盟各国智库机构进行智力互动、文化融合、信息交流、友好往来的平台。"泛北智库峰会"将定期举办，并对国际或区域性重大问题提出可行性建议，成员机构之间信息共享，在区域经济研究课题方面进行合作研究，加强合作机构之间的人员交流等。通过举办智库峰会，为各国政府提供更为有效的政策建议和决策参考，逐步形成泛北地区乃至中国与东盟地区经济可持续发展的重要推动力量。

2011年8月18—19日，第二届泛北部湾智库峰会在广西南宁举行，中国、印度尼西亚、马来西亚、新加坡、泰国、菲律宾、越南等国家的智库机构领导人参会，就区域联通与跨境合作这一主题进行研讨，会后发布了《2011泛北部湾智库峰会宣言》，并签署了《泛北部湾智库联合研究机制备忘录》。

□ 2011年泛北部湾智库峰会

2012年7月12日下午至13日上午，第三届泛北部湾智库峰会在广西南宁举行。此次峰会作为第七届泛北部湾经济合作论坛的一项重要议程，参会的泛北部湾国家著名智库机构的专家学者围绕"全球经济再平衡：泛北部湾区域合作与发展"这一主题，从区域合作多元化与亚太自由贸易区建设、多边贸易体制与深化泛北区域合作、人民币国际化与泛北地区金融合作等几个方面进行了深入探讨。

（四）中国—东盟港口城市合作网络

成立中国—东盟港口城市合作网络是中国—东盟海上互联互通建设的新领域、新课题，完全符合中国与东盟双方的意愿和利益，也是促进中国—东盟海上互联互通的重要举措。为加快推进北部湾港与东盟47个港口的海上互联互通，2013年9月3日，在南宁召开了中国—东盟港口城市合作网络论坛，与会各方共同探讨了中国—东盟港口城市合作网络建设工作。大会通过了《中国—东盟港口城市合作网络论坛宣言》，正式成立中国—东盟港口城市合作网络。

□ 2013年中国—东盟港口城市合作网络论坛

《中国—东盟港口城市合作网络论坛宣言》指出，为落实中国和东盟国家领导人关于"加强中国—东盟海上互联互通，开拓海上务实合作"的共识，中国将致力于推动建设中国—东盟港口城市合作网络，以实现互利共赢。经中政府主管部门批准，以毗邻东盟的中国港口城市——钦州市为基地发起建设中国—东盟港口城市合作网络。根据《中国—东盟港口城市合作网络论坛宣言》，中国和东盟国家港口城市市长和有关代表达成以下4项共识：一是愿意加入中国—东盟港口城市合作网络；二是共同致力于双方在相互通航、港口建设、临港产业、国际贸易、文化旅游等方面的交流与合作，中方将设立中国—东盟海上合作基金，对符合申报条件的合作项目提供支持；三是为确保中国—东盟港口城市合作网络有效运转，双方将指定相关机构和人员负责联络、协调，中国钦州市愿意承担合作网络的服务与协调；四是中国—东盟港口城市合作网络将对本区域愿意加入的其他港口城市开放。同时，明确了中国—东盟港口城市合作网络今后合作的6个方面内容：在中国和东盟的港口之间开通和加密定期班轮航线；加强中国和东盟港口的基础设施建设；加强港口后方的临港工业合作；促进港口城市结为联盟和姊妹城市；加强海洋文化交流；加强港口城市之间的旅游合作、文化交流和人员往来等。

二、互联互通合作

从全球经济发展来看，区域合作，交通先行。为进一步打造中国—东盟立体交通枢纽，加快泛北部湾区域交通合作。2004年11月，中国与东盟在老挝万象签署《中国—东盟交通合作谅解备忘录》。2011年12月，第十次中国—东盟交通部长会议在柬埔寨首都金边举行，会议通过了《第十届中国—东盟交通部长联合声明》，双方讨论了《中国—东盟交通战略总规划》。同时，广西积极参与和推进泛北部湾交通合作，力争建成以南宁国际综合交通枢纽为中心，以海港、空港为龙头，以泛北部湾海上、中国南宁—新加坡陆路和南宁通往新加坡航空3大通道为主轴，以广西通往广东、湖南、贵州和云南方向运输通道为主线的出省、出边、出海国际大通道体系。

（一）公路

近年来，依托泛北部湾区域合作，北部湾经济区在改善区域交通运输条件、提供便利运输服务等方面取得了巨大成果。2007年以来，中国—东盟交通合作重大工程项目和合作活动进展顺利，中国连接越南、老挝、泰国以及缅甸的公路通道昆明—河口—越南公路、昆明—磨憨—老挝—泰国公路、昆明—大理—保山—瑞丽—缅甸公路中国境内路段的建设加快推进。2009年年底，首条通往东盟国家的高速公路南宁至友谊关完成通车。同时，防城港至东兴高速公路、靖西至龙邦高速公路和崇左至水口高速公路相继开工建设。2012年2月，连接中国东兴和越南芒街的中越北仑河二桥项目正式获国务院批准，同月，越南交通运输部通过建设河内—谅山高速公路最终可研报告。2013年10月15日，中国与越南在河内发表《新时期深化中越全面战略合作的联合声明》，提出加快推进凭祥—河内高速公路、东兴—下龙高速公路项目建设，尽快启动《北仑河口地区自由航行协定》新一轮谈判工作，尽快建成北仑河公路二桥、水口至驮隆中越界河公路二桥等跨境桥梁。2013年12月20日，防城港

□ **中越北仑河二桥奠基仪式**

至东兴高速公路投入试运营。2014年4月1日，中越北仑河第二座公路大桥正式启动建设，将对加强中越两国经贸合作、改善口岸交通条件、带动边境旅游开发和繁荣边贸发挥巨大作用。

目前，广西已经建成和正在建设的通往越南以及大湄公河次区域经济合作国家的国际公路通道接点有12个。其中，高速公路接点4个，一级公路接点1个，二级公路接点7个。中越两国政府签订的《关于修改中越两国政府汽车运输协定的议定书》和《关于实施中越两国政府汽车运输协定的议定书》于2012年生效，广西与越南新开通桂林—河内、崇左—下龙、百色—高平、南宁—河内和海防等直达国际道路运输线路。首次实现广西国际道路运输客车不需要在口岸接驳即可直接进入越南境内的直达运输。目前，广西获准开通至越南的客货运输线路总计达到15条。

表3-4　　　　　　　　　广西国际公路通道接点具体情况

序号	名称	数量	具体内容
1	高速公路接点	4	南宁至友谊关高速公路建成通车，靖西至龙邦、防城至东兴高速公路开工建设，崇左至水口高速公路项目的前期工作加快推进
2	一级公路接点	1	2007年年底建成通车的防城至东兴一级公路
3	二级公路接点	7	已建成龙州经水口往高平公路、靖西经龙邦往高平公路、宁明经爱店往凉山公路，龙州至科甲公路、凭祥至平而关公路、大新经硕龙往高平公路、那坡经平孟往高平公路正在建设

资料来源：广西新闻网

（二）铁路

目前，已经通车的田东—德保铁路与在建的德保—靖西铁路、规划中的靖西—龙州铁路对接，将成为通向中越边境的泛北铁路网的中线铁路。2008年，中方成立泛亚铁路工作组，加快泛亚铁路的建设。2009年1月，南宁至越南河内的国际旅客列车开通，南宁成为北京以外唯一开行国际列车的省会（首府）城市；湘桂铁路南宁至凭祥段扩能改造项目是连接中国和东盟的重要国际铁路通道，前期工作取得实质性进展，实现湘桂铁路南宁—凭祥段与越南铁路连接；沿海铁路南宁—防城港段建成通车；田东—德保—靖西铁路、靖西—龙邦铁路和防城—东兴铁路已纳入《国家铁路"十二五"发展规划》，国家发改委于2010年批复项目建议书，建设里程198公里，总投资169亿元，建设标准为200公里/小时。在此基础上，开展了从凭祥经越南河内向老挝万象（柬埔寨金边）延伸至曼谷、新加坡的南宁至新加坡快速铁路通道研究。同时，总投资约60亿元，面向东盟的国际性综合交通枢纽南宁火车东站于2012年7月25日正式开工建设，这一枢纽建成后，将大大便利中国高速列车对接东盟国家。2013年2月19日，新加坡和马来西亚两国同意建设连接新加坡和马来西亚首都吉隆坡的高速铁路，预计在2020年之前建成。2013年12月28日，桂林—北京高速铁路正式运营，标志着广西正式迈进高铁时代，为实现与泛北东盟国家的高速连通奠定了基础。

（三）航空

近年来，依托泛北部湾区域合作，中国广西、广东、海南等地区与东盟国家不断深化航空合作，积极开辟新航线。目前，已与东盟国家开通了40余条航线，其中广西通往东盟的航线达12条。广西空港与东盟互联互通的机场有南宁、桂林2个空港，开通至新加坡、雅加达、吉隆坡、曼谷等东盟11个重要城市的国际航班，并在中国—东盟博览会期间实现了东盟国家的"全开通"。同时，南宁机场总体规划于2009年获中国民航局及自治区人民政府联合批复，2010年，国家发改委对南宁机场新航站区及配套设施扩建工程立项，目前，扩建工程处于全面建设阶段，将力争早日竣工投入运营。

（四）通信

近年来，我国与东盟国家在通信合作领域取得了显著成效，广西作为中国—东盟合作的新门户新枢纽，与东盟国家的通信合作不断深入，合作机制不断健全，合作层次不断提高。

2001年11月，在文莱举行的第五次中国与东盟领导人会议上，双方将信息通信确定为中国—东盟五大重点合作领域之一[①]，全面开启了中国和东盟在信息通信领域的合作。2005年5月，在首次举行的中国—东盟电信周期间，双方通过了《中国—东盟建立面向共同发展的信息通信领域伙伴关系北京宣言》。2007年1月，在第十次中国—东盟领导人会议上签署了《落实〈中国—东盟面向共同发展的信息通信领域伙伴关系北京宣言〉的行动计划》，同年10月，《中国—东盟信息通信合作谅解备忘录》经双方确认，将有效期延长至2012年。2009年10月，第四次中国—东盟电信部长会议在老挝万象举行，会议通过了《中国—东盟电信监管理事会关于网络安全问题的合作框架》及《中国—东盟2009—2010年通信领域合作计划》。2013年11月，第八次中国—东盟电信部长会议在新加坡举行，签署了《中华人民共和国与东南亚国家联盟信息通信合作谅解备忘录》。

2008年10月，第三次中国—东盟电信周在广西南宁市举办，电信周期间设立了信息通信工商论坛、无线电频谱管理论坛和中国—东盟电信部长论坛。2010年12月15日，工业和信息化部正式批准同意中国联通建设南宁区域性国际通信业务出入口。2011年2月，广西壮族自治区人民政府与中国联通签署《广西壮族自治区人民政府与中国联通公司合作建设中国—东盟区域性信息交流中心框架协议》，南宁成为继北京、上海、广州之后的第四个国际通信业务出入口，该出入口是国内第一个专注于面向东盟十国的区域性国际通信出入口。同年6月，工业和信息化部正式批复同意建设中国联通南宁国际直达数据专用通道，10月，中国—东盟电信高峰论坛在广西南宁举行，中国及东盟国家电信主管部门、电信运营企业的200多名代表参会。论坛期间，举行了中国联通南宁区域性国际通信业务出入口、中国联通南宁国际直达数据专用通道等启动仪式，中国联通与老挝、越南等东盟国家电信运营企业签署了合作协议。

（五）通关便利化

2009年10月，中国—东盟海关与商界合作主题论坛在南宁举办，论坛

[①] 中国信息产业网，http://www.cnii.com.cn。

通过了《中国—东盟贸易便利化南宁倡议》。目前，广西共有各类口岸25个，其中，国家一类口岸17个（铁路陆路口岸1个、空港口岸3个、内河港口3个、公路陆路口岸4个、海港口岸6个），二类口岸8个（内河港口岸1个、公路陆路口岸7个）。近年来，广西电子口岸建设不断加快，2006年10月，建成广西电子口岸实体平台，为与东盟国家通关便利化提供了有力支撑。同年12月，广西电子口岸海运物流服务平台开通，2009年至2011年，先后将钦州保税港区、凭祥综合保税区、北海出口加工区、南宁保税物流中心等通关物流平台整合纳入广西电子口岸实施建设，实现沿海、沿边口岸与保税物流通关信息化；边境口岸经济发展迅速，凭祥、东兴、靖西、龙州等逐渐形成边境口岸经济带。2010年8月5日，崇左凭祥友谊关至越南下龙湾旅游大巴正式开通。2013年6月9日，中国广西（友谊关口岸）至越南公务车辆及货运直达车辆正式开通，标志着中越两国公务车与货车经广西口岸实现了互通直达。2013年10月11日，东兴口岸正式实施处理外国人口岸落地签证事务，至此东兴已完成出入境双向绿色通道注册。

三、港口航运合作

"加强港航物流合作，共建海上国际大通道"是加强泛北部湾经济合作的战略重点之一。泛北部湾经济合作开展以来，通过积极开辟新航线，培育集装箱干线航运，努力开辟新的远洋国际航线，发展海洋运输产业，加快交通物流基地建设，进一步加强了与泛北国家、地区的合作往来。

（一）合作机制不断完善

2004年11月27日，在老挝万象，中国与东盟签署了《中国—东盟交通合作谅解备忘录》。2007年10月，中国—东盟港口发展与合作论坛在南宁举行，论坛通过了《中国—东盟港口发展与合作联合声明》（《南宁共识》）。2007年11月8日，第六次中国—东盟交通部长会议在新加坡举行，会议制定了中国—东盟港口合作机制，并签署了《中国—东盟海运协定》。2008年10月，中国—东盟港口合作高官会第一次会议在广西桂林召开，中国与东盟国家交通运输部门共60多位高官参会，共商中国和东盟港口合作大计。泛北部湾港口合作机制日趋完善，并逐步走向机制化和常态化。2013年9月2日，中国—东盟互联互通交通部长特别会议在南宁市召开，发表了《中国—东盟互联互通交通部长特别会议联合声明》，主要包括六点共识：一是完善工作机制。在已有中国—东盟交通部长会议机制下成立由双方司局级官员参加的"中国—东盟交通互联互通促进工作组"和由双方企业家参加的"中国—东盟交通互联互通企业家联合会"。二是创新融资平台。设立一个以中方为主的亚洲地区互联互通投融资平台，以确保互联互通合作项目有长期稳定的资金来源。三是做好规划衔接。做好中国交通运输发展规划与《东盟互联互通总体规划》的衔接工作。四是引导企业参与。鼓励各国有实力的企业参与中国—东盟互联互通工作，扎实有序推进重大项目的实施。五是陆路海上并重。强调在开展陆上互联互通合作的同时，积极利用新设立的中国—东盟海上合作基金开展海上互联互通工作。六是重视均衡发展。为均衡推进中国—东盟互联互通合作，双方既要重视中国与东盟国家之间的联通，也要关注东盟各成员国之间的内部联通，并责成互联互通促进工作组尽快提出连接中国与东盟国家之间和东盟成员之间的重点推动项目。2013年9月4日，中国—东盟港口城市合作网络论坛在南宁举行，共同探讨中国—东盟港口城市合作网络建设工作，推进中国—东盟双方海上乃至全方位的互联互通，在合作共建中实现互利共赢，通过了《中国—东盟港口城市合作网络论坛宣言》，正式成立以钦州市为基地发起建设中国—东盟港口城市合作网络。

（二）合作基础不断牢固

目前，中国与马来西亚、新加坡、印度尼西亚、文莱、菲律宾等东盟国家的港口建立了长期合作伙伴关系，双边之间的港口交流合作日益加深。泛北部湾区域内有新加坡港、深圳港、广州港3个港口进入全球集装箱吞吐量"十强"大型港口行列，区域内其他港口业务发展迅速。2012年，新加坡港集装箱吞吐量达到3160万标准箱。近年来，依托泛北部湾区域合作和北部湾经济区开放开发，广西北部湾港不断发展壮大，枢纽型大港雏形基本显现。2009年7月，总投资49亿元的广西防城港20万吨级进港及403～407号泊位开工建设，开启枢纽型港口建设的序幕。2010年5月，《广西北部湾港总体规划》通过广西壮族自治区人民政府批复，奠定了广西北部湾港整合发展的基础。目前，广西北部湾港与世界上100多个国家和地区的200多个港口有贸易运输合作，2012年，北部湾港全年完成货物吞吐量达到1.74亿吨，同比增长13.74%，集装箱完成82.43万标准箱，同比增长11.73%。此外，广西西江亿吨黄金水道初步形成，内河港口吞吐量突破1亿吨，1000吨级船舶可从南宁、2000吨级船舶可从贵港直达港澳，联通东盟国家。截至2013年年底，广西北部湾港共拥有240个码头泊位，其中万吨级以上泊位66个，实际吞吐能力超过2亿吨。预计到2015年，广西北部湾港将新增吞吐能力2.16亿吨，总吞吐能力达到3.36亿吨以上。

表3-5　2011/2012年广西北部湾港吞吐量情况

时间	港口指标	单位	北部湾港	北海港	钦州港	防城港	合计
2011年	货物吞吐量	万吨	15330.64	1590.44	4716.2	9024	30661.28
2012年	货物吞吐量	万吨	17437.43	1757.43	5622	10058	34874.86
	同比增长	%	13.74	10.5	19.21	11.46	13.74
2011年	集装箱吞吐量	万标准箱	73.82	7.10	40.22	26.5	147.6368
2012年	集装箱吞吐量	万吨	82.43	8.03	47.4	27	164.86
	同比增长	%	11.66	13.01	17.85	1.89	11.67

资料来源：广西统计信息网

（三）合作领域不断拓展

近年来，广西北部湾国际港务集团通过不断加强交流与沟通，利用港口专业码头和深水泊位群的优势，与越南海防港等东盟国家港口以及国内枢纽港口进行资源互补，建立合作关系，积极开辟新的物流中转渠道。2008年，广西北部湾国际港务集团与苏比克港、斯巴里加湾港缔结友好港，同年12月，广西北部湾国际港务集团与泰国宏海箱运公司开通了防城港—巴生—新加坡—曼谷集装箱直达航线。2009年2月28日，泰国—钦州港—韩国仁川直航航线开通，该航线的开通节省了经香港中转所需的装卸费、靠泊费、堆存费等多项费用，并免去中转时需要加盖未加工证明等手续，整个航行时间仅为7天，比通过香港中转节省11天。2010年8月，广西北部湾国际港务集团和海口港、广州港、新加坡万邦航运公司、泰国宏海箱运公司、柬埔寨西哈努克港、新加坡裕廊港等签订了合作协议或缔结友好港。近年来，中国（广西）与泛北部湾东盟国家之间先后开通了多条内贸和外贸航线，各航线的开通使广西北部湾港集装箱吞吐能力及其在泛北部湾地区的集聚效应进一步得到加强。目前，广西北部湾港与世界上100多个国家和地区的200多个港口有贸易运输合作，已开辟北部湾港至新加坡、曼谷、海防、胡志明、巴生等东盟国家港口的多条直达航线。

表3-6　　　　　中国与东盟国家签订的港口合作机制

序号	时间	签订机制
1	2004-11-27	在老挝万象，中国与东盟签署了《中国—东盟交通合作谅解备忘录》
2	2007-02-09	中国和东盟各国交通部长共同发表了《中国—东盟港口与发展合作联合声明》
3	2007-10	中国—东盟港口发展与合作论坛在南宁举行，论坛达成《中国—东盟港口发展与合作联合声明（《南宁共识》）》
4	2007-11-08	第六次中国—东盟交通部长会议在新加坡举行，会议制定了中国—东盟港口合作机制，并签署了《中国—东盟海运协定》

续表

序号	时间	签订机制
5	2008-10	中国—东盟港口合作机制——中国—东盟港口合作高官会第一次会议在广西桂林召开，中国与东盟国家交通运输部门共60多位高官参会，共商中国和东盟港口合作大计
6	2010-08	在第五届泛北部湾经济合作论坛上，广西北部湾港与东盟国家签订一系列港口合作项目的框架协议
7	2013-09-02	中国—东盟互联互通交通部长特别会议在南宁市召开，发表了《中国—东盟互联互通交通部长特别会议联合声明》
8	2013-09-03	中国—东盟港口城市合作网络论坛在南宁举行，通过了《中国—东盟港口城市合作网络论坛宣言》，以钦州市为基地发起建设中国—东盟港口城市合作网络

资料来源：中华人民共和国交通运输部、广西壮族自治区人民政府、中国—东盟博览会等门户网站

四、国际产业合作

合作共建产业园区是泛北部湾经济合作机制的创新，是泛北部湾经济合作的新亮点。合作共建产业园区有利于区域合作从单一的贸易投资方式转变为贸易、投资、产业、技术、服务协调发展的综合模式；有利于企业分散投资上升为集群式入驻发展，提供高效服务、降低成本，促进产业聚集；有利于形成分工明确、错位发展、互利共赢的合作开发新格局，形成充满活力的新增长区域；有利于泛北各方生产要素跨境流动和优化组合，增强经济实力，改善人民生活；有利于深化睦邻友好合作，营造和平稳定、平等互信、合作共赢的地区环境。

（一）中马钦州产业园

中马钦州产业园区于2011年10月21日正式揭牌，是我国与马来西亚政府合作的第一个园区，也是继中新苏州工业园区、中新天津生态城之后，我国第三个、中西部地区第一个国家合作共建产业园区。2012年4月1日，中马钦州产业园在广西钦州市正式开园，国务院总理温家宝和马来西亚总理纳吉布共同出席开园仪式。2013年10月4日，国家主席习近平与马来西亚总理纳吉布举行会晤，提出将中马钦州产业园区打造成为中马投资合作旗舰项目。中马钦州产业园区设在广西钦州市金鼓江地区，首期规划面积15平方公里，未来发展将根据园区建设情况可扩大至55平方公里。中马钦州产业园区实行中国现行国家级经济技术开发区政策，功能分区包括工业区、科技研发区、配套服务区和生活居住区。在园区投资开发和运营方面，国务院批准钦州市的开发公司与马来西亚开发财团组建合资公司，共同开发建设中马钦州产业园区。

□ **中国—马来西亚钦州产业园区开园仪式**

中马钦州产业园将打造成为先进产业的集聚地，成为东盟国家企业进入中国大陆投资的示范窗口，成为中国、马来西亚两国经贸合作的标志性旗舰项目。中马钦州产业园区重点规划发展三类产业：①综合制造业，包括汽车零配件加工、船舶零配件、工程与港口机械装备、食品加工、生物技术等产业；②信息技术产业，包括电子信息产业、信息和通信技术产业、云计算数据中心等；③现代服务业，包括商务金融教育服务、贸易咨询、现代物流和仓储等生产性服务业和服务配套、房地产等生活性服务业。中马钦州产业园区以打造中国—东盟合作的示范园区——"中马智造城，共赢示范区"为发展目标，定位为"先进制造基地、信息智慧走廊、文化生态新城、合作交流窗口"，深化双方传统产业合作，引领战略性新兴产业发展。

（二）马中关丹产业园

2012年4月，经马来西亚纳吉布总理提议，中马两国就合作共建马来西亚—中国关丹产业园达成一致。中国商务部委托广西牵头与马来西亚合作，共同建设马中关丹产业园，与中马钦州产业园结为姊妹园区。马中关丹产业园位于马来西亚东海岸经济特区内，总面积6.07平方公里。园区建设按照"政府主导、企业主体、市场运作"的模式，坚持马方为主、企业为主，保障安全、保障收益，分期建设、滚动发展，以园带城、以工业带动服务业，全球招商、联合招商，政策对等、两园互动的原则，重点发展塑料和金属、汽车零部件、纤维水泥板、不锈钢制品、电器及电子、信息通信等产业。2012年6月15日，中国商务部与马来西亚贸工部签署《中华人民共和国政府和马来西亚政府关于马中关丹产业园合作的协定》，共建马中关丹产业园区，开创了"两国双园"的园区国际合作新模式。马中关丹产业园区增强了广西及北部湾经济区在区域经济合作中的影响力，有利于深化中国与马来西亚及其他东盟国家的战略伙伴关系。2013年2月5日，马来西亚—中国关丹产业园区正式开园，两国企业界签订5份策略性文件[①]，投资总额达到105亿令吉（约合228亿元人民币）。

---

① 中马两国签订的5份策略性文件包括：马来西亚财团和中国财团成立马中关丹产业园区合资公司的股东协议、东海岸经济特区发展理事会（ECERDC）和广西北部湾国际港务集团在马中关丹产业园区之三个项目的投资意愿谅解备忘录，有关项目为一家现代化钢铁厂，一家铝加工厂和一家棕油提炼厂、广西北部湾国际港务集团和常青集团在马中关丹产业园区投资棕油提炼厂的谅解备忘录、IJM机构有限公司和广西北部湾国际港务集团开发和扩建关丹港口的谅解备忘录、中国国家开发银行和马中关丹产业园区主要发展商签署的融资合作框架协议。

□ 成立马中关丹产业园合资公司框架协议签署

　　马中关丹产业园区和中马钦州产业园区的开发建设，将有力推动两国各领域交流与合作，增进两国人民的相互了解和友谊，造福于两国人民。双方将积极推进以下工作：一是推动搭建园区建设管理机构。二是共同争取包括资金补助、金融支持、进出口等政策的支持。三是启动园区筹备工作。四是做好招商工作，联合召开专题推介会活动，面向世界五百强、大型跨国公司和中国中央企业开展招商。五是加强双园互动，促进中马钦州产业园和马中关丹产业园在产业链协作、资源开发、市场开拓、港口互通、海关特殊监管等方面加强合作。

（三）中国·越南（深圳—海防）经济贸易合作区

　　2008年10月22日，中国与越南两国签订合作协议，共建海防中越经济贸易合作区。中国·越南（深圳—海防）经济贸易合作区位于越南海防市安阳县内，总规划面积8平方公里，首期开发面积1.96平方公里，建筑面积230万平方米，总投资为6.7亿元人民币。该经贸合作区的功能设置分为工业产业园区和综合配套服务园区，工业园区计划入驻企业以电子、服装为主的轻工产业，综合园区主要提供融资、研发、质检、法律咨询、报关、物流等配套服务。中国·越南（深圳—海防）经济贸易合作区的顺利奠基和双方友好交流城市协议的签署，开启了深圳市与海防市密切合作的新篇章。深圳市将加强与海防市的交流沟通，本着互利共赢的原则，精诚合作，协调配合，共同推动项目建设，努力把合作区打造成中越密切经贸合作的重要平台和纽带，为深化两地合作、促进两国经济社会发展做出更大贡献。中国·越南（深圳—海防）经济贸易合作区一期建成后，计划引进入区企业170家以上，年总产值预计超过250亿人民币，为当地创造3万个劳动就业岗位。2012年8月，完成了合作区首期1.96平方公里土地使用权证的办理工作，并完成了设计审批、施工水电接驳等工程前期工作。

（四）中国（广西）·印尼经贸合作区

"中国（广西）·印尼经贸合作区"是中国在印度尼西亚设立的唯一的国家级合作区，是目前国家批准在境外设立的19个国家级合作区之一[①]。2007年9月，经广西壮族自治区人民政府推荐，广西农垦代表广西参加了第二批境外经济贸易合作区之一——中国（广西）·印尼经贸合作区的投标，获得国家商务部的正式批准，负责承担建设国家级境外经贸合作区的任务。2008年3月18日，由农业部农垦局主办，广西农垦协办的中国（广西）·印尼经贸合作区建设工作协调会在南宁召开，会议的主题是围绕中国（广西）·印尼经贸合作区开发建设，汇集全国各兄弟垦区的智慧和力量，加强协调合作，为深入实施农垦"走出去"发展战略搭建良好的平台。中国（广西）·印尼经贸合作区占地面积200公顷，合作区产业定位以精细化工、生物制药、农产品精深加工、建材、机械制造及新材料等为主，建成后，将吸引50家中国企业入园，形成以木薯深加工为主导，并延伸至生物制药、饲料、纸制品、食品、建材、农机制

---

① 目前，我国共有境外经济贸易合作区19个，其中第一批境外经济贸易合作区（8个）包括赞比亚中国有色工业园、泰国罗勇工业区、巴基斯坦海尔家电工业区、柬埔寨太湖国际经济合作区、尼日利亚广东经济贸易合作区、天利（毛里求斯）经济贸易合作区、俄罗斯圣彼得堡波罗的海经济贸易合作区、俄罗斯乌苏里斯克经济贸易合作区；第二批境外经济贸易合作区（11个）包括委内瑞拉库阿科技工贸区、尼日利亚莱基自由贸易区——中尼经济贸易合作区、中国·越南（深圳—海防）经济贸易合作区、中国龙江经济贸易合作区、墨西哥中国（宁波）吉利工业经济贸易合作区、埃塞俄比亚东方工业园、埃及苏伊士经贸合作区、阿尔及利亚中国江铃经济贸易合作区、韩中工业园区、中国（广西）·印尼经贸合作区、中俄托木斯克木材工贸合作区。

造等产业的上下游产业链，预计入区企业投资总额约30亿元人民币。目前，一期120公顷基建工程全部完成，中国西电集团等近20家企业入驻。

（五）泰中罗勇工业区

泰中罗勇工业区是由中国华立集团与泰国安美德（AMATA）集团在泰国合作开发面向中国投资者的现代化工业区。2005年7月1日，双方在北京签署了开发泰中罗勇工业区的合作文件，园区总体规划面积12平方公里，其中一期规划占地1.5平方公里，二期2.5平方公里，三期8平方公里。园区建有一般工业区、保税区、会展中心、物流基地以及配套的商业生活设施。园区的产业定位：引进汽配、机械、建材、家电和电子等有比较优势的中国产业。2006年3月，泰中罗勇工业区开始开发建设，2006年8月，被中国商务部认定为首批"境外经济贸易合作区"之一，2009年，成为经中国商务部、财政部考核确认的首批境外经济贸易合作区。截至2013年3月底，园区企业累计完成投资1.5亿美元，平整土地220万平方米，协议投资额8.57亿美元，实际投资4.1亿美元，入园企业46家，其中已投产企业26家，在建企业10家，即将动工企业10家。中国企业五百强有8家企业入园。[①]

（六）越南龙江工业园

越南龙江工业园是由浙江省前江投资管理有限责任公司在越南前江省投资的工业园项目，成立于2007年11月，总占地面积600公顷，其中包括工业区540公顷和住宅服务区60公顷，项目期限为50年。2008年4月，园区正式启动基础设施建设。到2012年，园区的各项建设及招商工作有序推进，入园企业主要集中在轻工、电子、建材、化工、服装等行业。政策优惠方面主要包括：构成企业固定资产的设备免进口税，产品出口免税，自企业开始投产之日起，生产用原材料、物资、零部件进口可免进口税5年，15年优惠期间所得税率10%，其中包括有利润之年起免税4年、减半9年（5%），优惠期后所得税率28%。

---

① 广西壮族自治区商务厅门户网站，http：//www.gxswt.gov.cn。

五、跨境经济合作

跨境经济合作区是海关和边防的特殊监管区，合作区的基本功能主要有国际贸易、国际贸易物流、保税加工贸易、国际中转、国际采购、国际旅游等。区域内实行"一区两国、封闭运行、境内关外、自由贸易"的管理模式。2007年1月，广西和越南相关省份签署地方政府间相关框架协议（备忘录），规划建立中越凭祥—同登、中越东兴—芒街和中越龙邦—茶岭等跨境经济合作区。云南省则重点打造红河—越南老街跨境经济合作区。

（一）中越凭祥—同登跨境经济合作区

中越凭祥—同登跨境经济合作区是中国—东盟自由贸易区下先行先试的合作示范区。凭祥综合保税区是我国边境第一个综合保税区，也是目前国务院批复的综合保税区中面积最大的一个，是中国目前唯一与境外真正实现"贴边发展，互连互通，无缝对接"的综合保税区。广西将充分利用凭祥综合保税区现有功能，通过实行"一区两国、封闭运行、境内关外、自由贸易"模式，将中越凭祥—同登跨境经济合作区建成中国与东盟的区域贸易中心、物流基地、出口加工制造基地和信息交流中心。

2008年6月，中越凭祥—同登跨境经济合作区被列为中越两国政府经济贸易合作委员会第六次会议同意研究探讨的合同项目，并成为联合国开发计划署援华项目。2009年8月初，由中国商务部国际经济贸易合作研究院编制的《中国凭祥—越南同登跨境经济合作区可行性研究》获得中越双方代表及专家组评审通过，标志着中越凭祥—同登跨境经济合作区建设跨出重要一步。2011年7月，广西壮族自治区人民政府专门出台《关于推进中越凭祥—同登跨境经济合作区建设工作方案》。2013年10月，中国国务院总理李克强同越南总理阮晋勇举行会谈，并签署《中国商务部与越南工贸部关于建设跨境经济合作区的备忘录》。近年来，广西与越南谅山省各级政府共同探讨，加强合作，有力推动了中越凭祥—同登跨境经济合作区建设。合作区中方项目建设取得明显进展：一是总投资28.8亿元人民币、占地3500亩的中国—东盟自由贸易区凭祥物流园项目一期工程完成投资3.5亿元人民币，成为中国西南地区最大的物流园；二是占地470亩的友谊关口岸区项目完成投资2亿元人民币，成为广西通关效率最快的口岸；三是占地4000余亩的弄怀（浦寨）贸易区项目完成投资6亿元人民币，成为中越边境线上最大的边境贸易城；四是凭祥综合保税区作为跨境经济合作区的中方先试先行区，总投资近10亿元人民币的一期工程14个项目完成主要控制性工程建设，并实现封关运营；五是弄怀（浦寨）贸易区作为中方与越南谷南、新清对接的主要区域，各项基础设施日趋完善，中方按照自由贸易区规划和互通互连要求对其进行重新规划改造，使之成为真正意义上的自由贸易区。

（二）中越东兴—芒街跨境经济合作区

2007年11月，中国东兴市与越南芒街市签订了《中国东兴—越南芒街跨境经济合作区框架协议》。2010年6月，中国国务院出台《关于深入实施西部大开发战略的若干意见》，明确提出"积极建设广西东兴重点开发开放试验区"，中国东兴—越南芒街跨境经济合作区（东兴区域）是广西东兴重点开发开放试验区发展的重点区域。2010年12月，广西成立了中国东兴—越南芒街跨境经济合作区（东兴区域）工作领导小组，经济合作区（东兴区域）规划面积达到9.7136平方公里。越南成立了中国东兴—越南芒街跨境经济合作区（芒街区域）工作领导小组，规划建设面积约10平方公里。中国东兴—越南芒街跨境经济合作区（东兴区域）基础设施投资约100亿元人民币，重点发展物流加工、商贸会展、现代服务三大类对外经贸合作产业。经济合作区划分为国际商贸区、滨海景观区、综合保税区、口岸综合服务区、互市贸易区、居住区等功能区。2012年7月11日，东兴市和广西北部湾投资集团在东兴签订了《东兴—芒街跨境经济合作区（东兴区域）土地收储项目投资合作协议》，协议项目总投资约4亿元。

六、贸易与投资合作

自中国—东盟自由贸易区建成以来，中国与东盟国家经济贸易、投资合作不断深入，贸易合作由单一向多元发展，投资领域由当初从加工、装配和生产性的小型项目扩大到基础设施、建筑、金融、通信、旅游、环境、能源、矿产资源开发、贸易、运输业等领域。2007年，中国成为马来西亚、新加坡、泰国、菲律宾和越南等东盟国家第一大贸易伙伴。2012年，中国与东盟双边贸易额达到4000.93亿美元，较2007年增长97.57%。

（一）贸易合作不断加强

近年来，中国与泛北相关国家的贸易合作不断密切，双边贸易增长十分强劲（表3-7）。2012年，中国与泛北相关国家的贸易额占中国与东盟国家贸易总额的97.1%。2007—2012年，中国与泛北相关国家的贸易额年均增长率为14.28%，同期中国的全部贸易总额年均增长率为12.18%。近年来，中国与泛北相关国家之间的贸易成为区域内贸易的主要动力。随着中国经济的进一步发展和国内经济发展方式的转变，国内需求的进一步增加，中国与东盟国家的经济互补性将继续增强，区域内贸易的动力更加强劲，双边之间的贸易将取得更大的发展。

表3-7 2007—2012年中国与泛北相关国家的贸易额

单位：亿美元

国家/地区	2007年	2008年	2009年	2010年	2011年	2012年
文莱	3.55	2.18	4.23	10.25	13.11	16.08
印度尼西亚	249.97	315.21	283.84	427.50	605.22	662.19
马来西亚	463.98	534.69	519.63	742.15	900.35	948.13
菲律宾	306.14	285.80	205.31	277.46	322.54	363.70

续表

国家/地区	2007 年	2008 年	2009 年	2010 年	2011 年	2012 年
新加坡	471.53	524.36	478.63	570.58	634.82	692.76
泰国	346.38	412.53	382.04	529.47	647.37	697.45
越南	151.15	194.64	210.48	300.94	402.07	504.40
合计	1992.7	2269.41	2084.16	2858.35	3525.48	3884.71
东盟十国	2025.08	2311.17	2130.11	2927.76	3628.54	4000.93

资料来源：商务部综合数据

　　2007 年起，中国是马来西亚、新加坡、泰国、菲律宾和越南的第一大贸易伙伴，同时，也是印度尼西亚、马来西亚、新加坡和泰国的最大出口市场。菲律宾、马来西亚、越南、泰国和印度尼西亚对中国进出口贸易的依存度比较大，且有逐步增大的趋势（表3-8）。2008 年国际金融危机发生后，这些国家对中国的贸易依存度迅速提高，中国作为东盟国家的主要出口市场，在国际发生金融危机的情况下，对稳定这些国家的经济增长起到重要作用。目前，中国已经成为世界经济增长的重要引擎，今后中国将进口更多的泛北国家产品，对拉动东盟国家的经济增长将发挥更大的作用。

表3-8　　2007—2012年东盟相关国家对中国贸易依存度表

国名	2007 年	2008 年	2009 年	2010 年	2011 年	2012 年
文莱	3.62	1.69	4.38	10.25	11.53	31.80
印度尼西亚	11.84	11.79	13.30	14.57	16.02	15.86
马来西亚	14.37	14.29	18.48	20.41	21.65	21.21
菲律宾	28.35	26.05	24.43	25.30	28.86	31.37
新加坡	8.38	7.97	9.28	8.61	8.19	8.78
泰国	11.73	11.62	13.33	13.92	14.22	13.57
越南	13.59	13.57	16.57	19.37	20.25	17.56

资料来源：联合国货物贸易统计数据库和商务部统计数据

注：2012年数据根据相关资料综合计算而来。

（二）相互投资不断扩大

中国与东盟相互投资关系密切，泛北国家已成为中国企业"走出去"的重要目的地。近年来，虽然受国际金融危机的影响，但中国和东盟各国之间的双向投资依然呈增长态势，2012年东盟在中国的直接投资金额69.4亿美元，较上年增长2.51%，而中国企业在东盟的非金融类投资达44.19亿美元，较上年增长52%。截至2012年年底，双边累计投资额已达1007亿美元，中国占23.4%，东盟占76.6%；在2012年中国与东盟114.89亿美元的双向投资额中，中国的占比已提高至38.5%。虽然东盟国家主要是泛北国家的新加坡、泰国、马来西亚、印度尼西亚和菲律宾对中国的投资多于中国对东盟国家的投资（表3-9），如新加坡2012年对中国的投资就达到65.39亿美元，但中国对东盟国家的投资增长大于东盟国家对中国的投资增长。截至2012年年底，泛北国家在中国累计直接投资由多至少排位是：新加坡、马来西亚、泰国、菲律宾、文莱、印度尼西亚、越南。迄今中国对东盟的投资额235.6亿美元，其中超过75%投资在泛北国家。中国在东盟国家投资居前四位的国家分别是新加坡、印度尼西亚、泰国和越南（表3-10）。随着CAFTA（中国—东盟自由贸易区）建设进程的不断推进，中国在泛北国家的投资领域向深度和广度延伸，投资领域从原先的加工、装配和生产性的小型项目扩大到基础设施、建筑、金融、通信、旅游、环境、能源、矿产资源开发、贸易、运输业等领域。2009年中方宣布向东盟提供150亿美元信贷，并决定设立总额100亿美元的中国—东盟投资合作基金。目前，中方已向东盟提供了122亿美元贷款，用于桥梁、道路、电站等多个大型建设项目，对促进泛北国家合作起了重要作用。

表3-9 2010—2012年泛北相关国家对中国实际投资额

单位：万美元

国名	2010年	2011年	2012年
文莱	30956	25582	15109
印度尼西亚	7684	4607	6378

续表

国名	2010年	2011年	2012年
马来西亚	29433	35828	31751
菲律宾	13806	11185	13221
新加坡	542820	609681	630508
泰国	5134	10120	7772
越南	203	129	316

资料来源：2011—2013年《中国统计年鉴》

表3-10　　　　　　　2010—2012年中国对泛北相关国家实际投资额

单位：万美元

国名	2010年	2011年	2012年	截至2012年投资存量
印度尼西亚	20131	59219	136129	309804
新加坡	111850	326896	151875	1238333
泰国	69987	23011	47860	212693
越南	30513	18919	34943	160438

资料来源：2012—2013年《中国统计年鉴》

2012年，中国境内投资者对全球141个国家和地区的4425家境外企业进行了直接投资，累计实现非金融类直接投资772.2亿美元，同期，对东盟国家的非金融类投资44.19亿美元，投资比例仅占5.72%。可见，我国在泛北国家的直接投资还很小，同时，也表明中国对泛北国家直接投资还有很大的潜力。随着泛北部湾经济合作机制的不断完善，泛北国家之间互联互通基础设施建设具有极大的投资机会，泛北国家的投资环境将更加完善，中国对泛北国家的直接投资将会迎来新的发展机遇。

中国和东盟国家的经济技术合作随着双边贸易和投资的增加而进一步加强。中国拥有比较完整的工业体系和成套设备设计制造能力，大型基础设施设计、建设、施工能力具有极强的竞争力，拥有一支高素质的技术人员队伍，中国和东盟国家经济合作已经有了很好的基础，并具有进一步发展的潜力（表3-11），泛北部湾经济合作将有助于巩固和扩大这一领域的合作成果。

表3-11　2012年中国与泛北相关国家经济合作情况

国名	承包工程			劳务合作	
	完成营业额（万美元）	派出人数（人）	年末在外人数（人）	派出人数（人）	年末在外人数（人）
文莱	6257	167	291	0	0
印度尼西亚	346415	3523	6866	139	737
马来西亚	237311	3837	6232	2268	2759
菲律宾	116112	1142	1065	76	49
新加坡	288006	2788	8756	34577	68749
泰国	107853	1984	1769	514	1006
越南	299763	5377	7310	1363	4624

资料来源：《中国统计年鉴2013年》

七、金融合作

金融是现代经济的核心，泛北部湾区域合作的发展需要与之相适应的金融体系的支持和配合。泛北部湾区域加强金融合作，必须坚持"两个结合"①，将金融合作置于国家战略框架之内。金融是中国—东盟合作繁荣发展的重要支

①　"两个结合"：一是指经济金融方面的合作规划与国家的政治、外交战略相结合；二是指金融领域的合作与实际经济领域的合作相结合。

柱，经济的运行发展需要金融来支持，中国—东盟自由贸易区已经全面建成，未来随着中国—东盟贸易自由化和经济一体化步伐的进一步加快，金融支持的作用愈加重要，不可或缺。便捷、高效的跨境金融服务是推动中国—东盟之间贸易与投资发展的助推器。[①]

（一）金融合作机制不断健全

2009年2月，中国人民银行与马来西亚国民银行签署双边货币互换协议。同年3月，中国人民银行与印度尼西亚中央银行签署了规模1000亿元人民币（175万亿印尼盾）的双边本币互换协议，4月，国务院总理温家宝在博鳌亚洲论坛宣布，中国决定设立总规模为100亿美元的"中国—东盟投资合作基金"，支持区域基础设施建设。11月，马来西亚财政部批准中国工商银行在马来西亚设立分行。2010年6月，中国银监会与马来西亚证券监督委员会在北京签署了《商业银行代理境外理财业务监管合作协议》。2012年9月，中国银行广西分行开办人民币兑越南盾汇率挂牌业务。2013年10月，国务院总理李克强同越南总理阮晋勇举行会谈，双方发表《新时期深化中越全面战略合作的联合声明》，李克强总理提出加强金融合作，成立中越金融合作工作组，研究商签双边本币互换协议和结算协定，维护两国乃至本地区经济、金融稳定发展。2013年10月，中国国家主席习近平在雅加达同印度尼西亚总统苏西洛举行会谈，就双边关系、推动中国—东盟关系进一步发展以及其他重大地区和国际问题深入交换意见，续签总额1000亿元人民币的双边本币互换协议并积极考虑扩大规模，并提出倡议建亚洲基础设施投资银行。

（二）跨境货币结算业务不断加快

随着中国与泛北部湾区域东盟国家贸易规模的不断扩大，双边的金融合作日益密切，特别是中国与东盟跨境人民币业务的合作发展。自

---

① 2011年10月23日，中国新闻网。

2009年7月东盟被列为人民币跨境贸易结算首批境外试点区域以来，中国已与东盟多国签署了双边货币交换协议、互设金融机构。目前，菲律宾、马来西亚等泛北部湾东盟国家央行和货币当局已经将人民币列为官方储备货币。人民币跨境贸易结算已扩至东盟所有国家，人民币跨境投资已开始试水。截至2012年6月，中国对东盟开发合作的窗口——广西累计办理800多亿元人民币。东盟在中国的银行机构资产总额近2000亿元人民币，在第六届泛北部湾经济合作论坛期间，参会的中国有关银行与外方银行及有关企业签订13个合作协议和1个合作备忘录，内容包括中外银行结算合作、贷款授信以及银企结算业务、项目融资等，贷款授信总金额约510亿元人民币。到2013年，中资银行在东盟国家共设立8家分行，东盟国家在中国设立7家外资法人银行、6家外国银行分行。此外，中国工商银行中国—东盟人民币跨境清算（结算）中心、广西北部湾银行中国—东盟跨境货币业务中心相继挂牌开业。[①]2013年10月15日，中国与越南在河内联合发表《新时期深化中越全面战略合作的联合声明》，提出积极创造条件并鼓励双方金融机构为双边贸易和投资合作项目提供金融服务。在2003年两国央行签署边境贸易双边本币结算协定基础上，继续探讨扩大本币结算范围，促进双边贸易和投资，建立两国金融合作工作组。加强多边协调与配合，共同推进东亚地区财金合作[②]。2013年11月27日，中国人民银行联合多部委印发《云南省广西壮族自治区建设沿边金融综合改革试验区总体方案》，旨在促进沿边金融、跨境金融、地方金融改革先行先试，促进人民币周边区域化，提升两省区对外开放和贸易投资便利化水平，推动沿边开放实现新突破。2013年，广西跨境人民币结算量突破2000亿元大关，经常项下跨境人民币结算量982亿元，同比增长50%，资本项下跨境人民币结算量30亿元，同比增长66.9%。

---

① 中国新闻网，2012年12月28日。
② 《新时期深化中越全面战略合作的联合声明》，北方网，2013年10月15日。

八、农业合作

农业是人类社会赖以生存和发展的基础性、战略性产业，中国—东盟自由贸易区建设进程中，农业是最早受惠的领域，也是泛北部湾区域合作的重点领域之一。早在2002年11月，在"10+1"领导人会议上签署的《中国—东盟农业合作谅解备忘录》，将杂交水稻、水产养殖、生物工艺、农场产品和机械等方面列为中国与东盟在农业科技方面长期合作的重点。目前，做大做强广西与泛北部湾东盟国家农业合作的基础条件和发展环境日趋完善。

（一）农业技术交流不断深入

泛北部湾区域合作以来，东盟国家引进中国先进农业技术和管理经验，中国开展一系列针对东盟国家的农业技术培训班、各种技术交流研讨会，在东盟国家建立技术中心并提供技术援助。目前，泛北部湾农业合作已向人才交流和智力援助拓展。为促进与泛北部湾东盟国家农业技术的交流合作，2005年，广西农业厅承办商务部下达的援外人力培训，为越南、菲律宾、印度尼西亚等国学员进行了甘蔗生产与加工技术培训。2006年，广西农业职业技术学院与河内国家外国语大学等四所越南高校建立了互派留学生计划。同年，广西农业职业技术学院选派多名专家赴印度尼西亚开展前期工作，帮助北苏拉威西省罗肯农业职业技术学院建设教学设施。2007年，广西农科院在越南谅山省建立20亩南方厚皮甜瓜大棚栽培试验示范基地，推广示范120亩。在山罗省建立玉米新品种、新技术示范基地，推广示范120亩。2009年，在越南谅山省建立20亩葡萄种植示范基地，成功种植巨峰和无核早红两个葡萄品种。同年，广西亚热带作物研究所（广西木薯研究所）在菲律宾东达沃省建立50公顷木薯种植示范基地，提供20吨木薯良种种茎，面向棉兰老岛地区辐射推广种植500公顷。同年10月，广西壮族自治区人民政府与中国工程院院士袁隆平签署了"袁隆平东盟农业科技博览园"和"国家杂交水稻工程研究中心东盟分中心"等项目协议。2010年4月29日，袁隆平院士及其团队创建的国家杂交水稻工程技术研究中心东盟分中心在广西百色国家农业科技园区挂牌成立，将百色国家农业科技园区建设成为广西现代农业的新硅谷，建设成面向东盟的国际农业合作大基地。同年，广西农科院在柬埔寨干丹省、贡布省、磅同省等地建立农作物新品种、新技术示范基地12公顷，展示水稻优势新品种32个，累计示范面积20余公顷。

（二）农业合作项目不断增加

中国—东盟自由贸易区建成以来，泛北部湾农业合作的不断加强，有力推进了泛北部湾国家农业的不断发展。广西通过加强与东盟农业有效务实的交流合作，取得了显著成效。广西与越南等东盟国家农业部门签署了双边农业合作备忘录，与菲律宾建立了农业战略合作伙伴关系，广西农业部门到越南、柬埔寨、印度尼西亚、菲律宾、马来西亚等国参与承担各种农业项目的规划和建设。2006年，第三届中国—东盟博览会期间，广西分别与泰国、马来西亚、印度尼西亚、新加坡等东盟国家签订了近3亿美元的农业合作项目。广西八桂农业科技有限公司与马来西亚合作建设有机示范农场，与菲律宾合作建设现代农业示范园。2008年10月，中国—东盟（百色）现代农业技术展示会开幕，展会吸引了来自柬埔寨、泰国、越南等东盟国家领导及客商等参会。2009年5月，广西壮族自治区主席马飚在南宁会见文莱工业与初级资源部部长叶海亚一行，双方就进一步推动在水稻种植、渔业生产等方面的合作达成共识，并签订农业合作备忘录。截至2012年8月，广西在百色、南宁等地建设了中国—东盟现代农业观光展示园、中国—东盟现代农业科技合作园区、袁隆平东盟农业科技博览园等。广西已有30多家农业龙头企业到东盟国家开展合作，投资额超过10亿元人民币，东盟外资企业在广西投资农业项目40多个，投资总额16亿美元以上。2012年9月，农业部决定在"中老农业合作试验基地"基础上，建设"中国—老挝合作农作物优良品种试验站"。广西还将积极在越南、老挝、印度尼西亚、柬埔寨等东盟国家建立农业科技示范基地，进一步促进先进农业技术在东盟国家的推广与示范。

九、旅游合作

旅游合作是泛北部湾区域合作的重要内容和先导产业，是泛北部湾产业合作最容易起步和最具发展前景的领域之一。随着中国—东盟自由贸易区的建成，中国—东盟旅游合作持续升温，旅游业得到快速发展，中国—东盟双边旅游合作机制得到进一步完善，出入境旅游人数不断增加，到2013年，中国旅游入境人数约达到1.4亿人次以上。

（一）旅游合作机制逐步健全

近年来，中国（广西）与泛北东盟国家着力推进旅游合作，2008年7月，由国家旅游局和广西壮族自治区人民政府举行的《北部湾旅游发展规划》编制工作会议在南宁举行。2009年1月，第28届东盟旅游论坛（ATF）和第2届东盟与中日韩旅游部长会议在越南河内举行。同年4月，广西旅游代表团应邀参加在越南广宁省下龙湾市举行的"2009越南下龙湾国际旅游节"，双方在共建跨国旅游目的地、共同开发中越跨国自驾游等方面达成共识。印度尼西亚文化旅游部与中国工商银行（印尼）有限公司续签了合作备忘录。2009年11月19日，首届中国—东盟旅游合作论坛在昆明举行，其间在旅游产品开发、旅游宣传促销、建立旅游合作机制等方面进行了广泛的交流与合作，与越南、老挝等东盟国家相关省市签订了13份旅游合作协议或备忘录。2010年1月，国务院发布《国务院关于推进海南国际旅游岛建设发展的若干意见》。同年4月，广西壮族自治区人民政府召开新闻发布会，将整合打造海口—湛江—北海—钦州—防城港—下龙湾—海防—河内的环北部湾国际精品旅游路线。8月，越南政府副总理阮善仁与中国国家旅游局局长邵琪伟签署旅游合作协议。2011年1月，在第十届东盟与中日韩旅游部长会议上，东盟十国旅游部长签署了《2011

年至 2015 年东盟旅游发展战略计划》，旨在把中日韩作为东盟重要的旅游市场，将东盟地区打造成世界一流的旅游目的地。2011 年 7 月，中国国家旅游局在新加坡举行了以"游中国 品文化"为主题的中国旅游宣传推广活动。同年，在第六届泛北部湾经济合作论坛期间，亚太旅游协会与广西、海南、印度尼西亚等国家和地区旅游组织和企业签订了合作协议。同年 10 月，中国云南省旅游局与新加坡旅游局（大中华区）签署旅游合作协议。2012 年 2 月，国家旅游局同意在广西设立中国—东盟旅游人才教育培训基地。中国—东盟旅游人才教育培训基地在广西民族大学和桂林旅游高等专科学校挂牌，两校承担面向东盟地区的旅游人才援外培训项目。2013 年 10 月 15 日，中越联合发表《新时期深化中越全面战略合作的联合声明》，提出积极推动《德天瀑布地区旅游资源共同开发和保护协定》谈判工作，加快将中越德天—板约瀑布国际旅游合作区打造成为中国首个跨境旅游经济特区。2013 年 10 月 17 日，海口—东盟对话会在海口市举行，提倡加强旅游领域合作，打造海上旅游线路，联合推出"一程多站"式国际旅游线路，建设国际化的生态型精品景区和旅游文化创意产业园等。2014 年 1 月，第十三届东盟与中日韩旅游部长会议在马来西亚召开，会议就《东盟与中日韩 2013—2017 旅游合作工作计划》、商签《东盟 10+3 旅游合作备忘录》等议题交换意见，并通过了联合媒体声明。2014 年 1 月，中国云南—缅甸合作论坛旅游官员及旅游企业高管交流活动在昆明市举行，双方就边境旅游产品开发、旅游区域合作、对外宣传促销、中国—东盟旅游人才培养等具体问题进行交流。

（二）出入境旅游人数不断增加

近年来，中国与泛北部湾国家旅游合作不断深入，出入境旅游人数不断增加，截至 2010 年 12 月底，中国南宁至越南河内（嘉林）国际列车开行 2 周年，共有 1.26 万名游客从越南乘火车到广西。到 2012 年，中国入境旅游人数达到 13240.53 万人次，新加坡入境旅游人数达到 1450 万人次以上，越南入境旅游人数达到 644.77 万人次，马来西亚入境旅游人数达到 2532.7 万人次。随着中国与泛北国家旅游合作的不断发展，泛北部湾各国旅游收入将进一步增加。

表3-12　2006—2011年泛北相关国家旅游出入境人数及旅游收入情况

指标	单位	国家	2006年	2007年	2008年	2009年	2010年	2011年	2012年
旅游入境人数	万人次	中国	12494	13187	13003	12648	13376	13542	13240.53
		新加坡	974	1028.5	1010	968.1	1163	1320	1450
		越南	358.3	430	430	380	500	601.4	644.77
		印度尼西亚	480	550	623	632	700	700	—
		菲律宾	284	309	314	—	352	391.7	427.28
		马来西亚	1754	2070	2250	2364	2457.7	—	2532.7
		文莱	12.8	17.85	22.5	9.28	—	21	24.31
旅游收入	亿元人民币	中国	8881	10832	11538	12600	15613	19306	22706.22
	亿新元	新加坡	124	124.7	148	—	165.06	222	
	万亿越盾	越南	—	—	13		44.5	—	
	亿美元	印度尼西亚	43.8	54	73	63	—	87	
	亿美元	菲律宾	27	48	104		24.9	—	
	亿林吉特	马来西亚	—	140	440	—	183.44		606
	万亿文莱元	文莱	3.15	2.14	—	—			

资料来源：历年《泛北部湾经济合作发展报告》，社会科学文献出版社出版

近年来，中国公民访问、商务、会议、考察、探亲、留学、旅游等越来越多。2006年，中国和东盟双方人员往来达到了600多万人次，到2012年，每周往来于中国和东盟国家之间的航班1000多个，双方人员往来超过1500万人次，年均增长16%以上，仅互派留学生人数就达到17万人。2008年以来，中国大陆游客赴泛北部湾东盟国家旅游人数不断上升，到2012年，中国赴泛北部湾东盟国家旅游人数总计达到710.94万人次，同比增长13.64%，特别是赴泰国、新加坡、越南、印度尼西亚等国的旅游人数增长非常明显，分别达到了

224.48万人次、116.67万人次、133.99万人次、71.36万人次，同比2011年增长47.43%、16.18%、17.38%、23.33%。（表3-13）。

表3-13　2008—2012年中国大陆游客赴泛北相关国家旅游情况

单位：万人次

国名	2008年	2009年	2010年	2011年	2012年
印度尼西亚	24.85	32.87	46.88	57.86	71.36
马来西亚	62.26	60.90	103.37	173.78	137.22
菲律宾	16.27	16.98	21.52	27.11	27.22
新加坡	71.26	66.81	82.57	100.42	116.67
泰国	62.39	62.19	101.46	152.26	224.48
越南	145.90	134.33	121.1	114.15	133.99

资料来源：2009—2013年《中国旅游业统计公报》，中国国家旅游局

2010年以来，泛北部湾国家入境中国的游客每年稳定在500万人次以上，入境中国旅游人数较多的国家依次是马来西亚、越南、新加坡和菲律宾（表3-14）。2012年，泛北部湾东盟国家赴中国旅游人数达到563.2万人次，同比增长3.8%。其中越南赴中国旅游人数达到113.72万人次，同比增长12.99%。

表3-14　2008—2012年泛北相关国家游客入境中国旅游情况

单位：万人次

国名	2008年	2009年	2010年	2011年	2012年
印度尼西亚	42.63	46.90	57.34	60.87	62.20
马来西亚	104.05	105.90	124.52	124.51	123.55
菲律宾	79.53	74.89	82.83	89.43	96.20
新加坡	87.58	88.95	100.37	106.3	102.77
泰国	55.43	54.18	63.55	60.8	64.76
越南	74.4	82.88	92.00	100.65	113.72

资料来源：2009—2013年《中国旅游业统计公报》，中国国家旅游局

十、人文合作

中国与东盟国家有着非常悠久的文化交流历史，早在汉武帝元鼎六年（前116年），就曾派出使者访问东南亚各国，开启了中国与东盟2100多年的人文交流历史篇章，奠定了中国与东南亚国家在农业、医药、制度、文化、宗教等方面开展广泛交流合作的基础。中国—东盟自由贸易区成立以来，中国—东盟交流合作得到进一步深化。目前，东盟十国中已有越南、老挝、缅甸、泰国、柬埔寨等5个国家在南宁设立了总领事馆，马来西亚驻南宁总领事馆已完成选址，在广西南宁初步形成了领事馆"总部效应"，为中国与东盟国家深入广泛开展人文交流合作提供了有力保障。目前，我国广西、云南、广东、福建等相关省份依据地缘优势和历史沿承，与东盟国家开展了多方位、多元化的人文交流合作，广西作为我国与东盟人文交流合作的前沿地带，通过多年的努力，在人才交流、教育合作、科技合作、文化交流、友好交流、卫生医疗、新闻出版、智库交流等方面的全方位合作取得了显著成效。

（一）人才交流

2001年11月，在文莱举行的第五次中国—东盟领导人会议上，中国—东盟领导人将"人才资源开发"正式列为中国与东盟的五大重点合作领域之一。2006年11月，国务院总理温家宝在中国—东盟建立对话伙伴关系15周年纪念峰会上郑重承诺，5年内，中国将为东盟培训8000名各类人才，从而全面拉开了中国与东盟人才交流合作的序幕。2007年11月，中国与东盟各成员国政府人事行政部门官员、从事人才资源开发研究的专家学者和知名企业家在南宁举行"中国—东盟人才资源开发合作论坛"，交流分享各国人才资源开发与管理的经验和研究成果，有利于加快中国—东盟人才资源开发合作在成员国之间的互动。2009年，广西成功举办第一届南宁—东盟人才交流活动月，到目前已成功举办5届。2013年5月12日，中国—东盟矿业人才交流培训中心揭牌成立，旨在加强中国与东盟在地质与矿产资源领域技术及管理人才的交流，深化矿业领域全面合作，实现共同发展。

（二）教育合作

近年来，中国—东盟青年联合会、中国—东盟青少年培训基地等相继落户南宁。中国分别与新加坡、马来西亚、越南、文莱、缅甸、老挝、柬埔寨、菲律宾签署了教育交流协议，与泰国签订了学历学位互认协议，并已在泰国、菲律宾、马来西亚、缅甸、新加坡、印度尼西亚等多个东盟国家开办了30多所孔子学院。越来越多的中国高校开设东盟小语种专业，广西区内大学已开设东盟十国的官方语言课程。东盟来华留学生人数逐年递增，截至2012年年底，到广西留学的东盟留学生累计达到9312人，从广西到东盟国家的留学生累计达5000多人，广西已成为吸引东盟国家留学生最多的省区之一。自2008年起每年举行一次"中国与东盟教育交流周"，以促进中国与东盟高校间的交流。2010年8月，双方举办了首届"中国—东盟教育部长圆桌会议"，会议通过《中国—东盟教育部长圆桌会议贵阳声明》。2007年起，广西先后设立了广西政府老挝留学生奖学金、柬埔寨留学生奖学金。2011年，广西设立广西政府东盟国家留学生奖学金，经费每年达到1500万元人民币。奖学金项目启动实施以来，已招收奖学金留学生465人，奖励优秀东盟留学生232人。目前，广西招收周边国家来广西学习的中国政府奖学金留学生名额增加到每年200人，孔子学院奖学金来华留学生70多人。2012年9月，中国—东盟职业教育联展暨论坛期间，广西与泰国教育部私立教育委员会签订了合作协议，广西大学、广西师范大学等一批高校与越南、老挝、泰国、印度尼西亚等东盟国家多所大学签订合作协议，建立互派留学生、互派学者交流机制。2013年10月，中国与越南签署了《孔子学院总部与越南河内大学关于合作设立河内大学孔子学院的协议》。

（三）科技合作

2011年，中国领导人提出同东盟加强科技与创新合作，2011年9月3日，中国—东盟技术转移中心正式在南宁成立。2012年9月，首届"中国—东盟科技伙伴计划"在广西南宁启动，建立卫星数据共享平台成为该框架下首个项目，明确提出了加强现代农业、生物医药、新能源与可再生能源、节能环保、电子信息等重点领域合作。到2013年，中国已与东盟的8个国家签订了政府间科技合作协定，实施了1000多个合作项目，并与印度尼西亚、马来西亚、菲律宾、新加坡、泰国、越南等6个国家建立双边科技合作联委会机制。2013年9月3—6日，由科技部、广西壮族自治区人民政府共同主办的首届"中国—东盟技术转移与创新合作大会"在广西南宁召开，参会人员达到1000余人，其中东盟国家代表超过300人，大会签订中国—东盟技术转移中心协作网络建设、中国—东盟遥感卫星数据共享与服务平台建设、中老可再生能源开发与利用联合实验室建设、基于北斗位置服务的示范应用等20个合作项目。参会对接洽谈的企业和机构超过400家，涉及项目达572项，其中来自东盟的企业和机构超过150家，带来对接及参展项目200多项。

（四）文化交流

自古以来，中国与东盟国家在文化交流方面就有着深厚的渊源，特别是进入新世纪以来，中国与东盟文化交流活动日益密切，由民间的交往逐渐上升到国家层面，进一步促进了广西与东盟国家文化交流合作。2002年9月，《荷花》杂志社创刊，成为中国唯一的以越语为主的对越南发行的杂志。2008年2月，受中国文化部委派，由中国对外演出公司、广西杂技团、广西歌舞剧院组成的广西艺术团赴印度尼西亚演出。2009年10月，中国—东盟电视论坛在南宁举行，期间签署了《中国广西电视台与老挝国家电视台电视节目交流协议》《中国广西电视台与越南数字电视台合作意向书》。2010年，中国—东盟文化交流培训中心落户广西，承接国家层面与东盟各国间文化交流培训的任务，搭建起全国各省区市与东盟文化合作交流的平台。中国—东盟文化产业论坛每年在广西举办，广西文化艺术团体每年都到东盟国家演出、交流。从2006年至2013年，中国—东盟文化论坛成功举办了7届，2011年起，论坛正式升格为由文化部与广西壮族自治区人民政府联合主办的省部级论坛，2012年由原来的"中国—东盟文化产业论坛"更名为"中国—东盟文化论坛"。2014年中国—东盟博览会文化展将于5月29日至6月1日在南宁国际会展中心举办，展览内容包括中国及东盟国家传统文化、民俗风情、文化园区、城市特色文化产品、书画作品、书报刊、养生休闲旅游等，并将举办中国—东盟书画印林、动漫嘉年华、汉字书法教育国际研讨会，由中越专家共同编撰的《新汉越词典》将于文化展开幕当天举办首发仪式。

（五）卫生医疗

2010年9月19日，东盟卫生人才培训基地在广西医科大学挂牌成立。2009—2011年，广西壮族自治区人民政府与国家中医药管理局、国家民委成功举办了2届中国—东盟传统医药高峰论坛，发表了《中国—东盟传统医药南宁宣言》，中国与东盟确定了全面交流合作的新机制，提升了广西中医药壮瑶医药在东盟国家的地位和影响。2013年4月12日，中国—东盟传统医药高峰论坛在玉林召开，论坛以"健康、发展、合作、共赢"为主题，研究落实《西太平洋区域传统医学战略（2011—2020）》，举办了以"传统医药区域合作的多边促进和发展"为主题的政府论坛和分别以"传统药材资源保护与利用"、"传统医疗保健、养生长寿和休闲旅游协调发展"、"传统医药人力资源培养"、"民族医药国际交流与合作"为主题的4个分题论坛。2013年，新签中医药民族医药合作项目68个，合同投资额105.37亿元，到位资金38.19亿元，同比增长200%，其中亿元以上项目20个，10亿元以上重大项目3个。目前，广西利用中国—东盟博览会等平台，成功举办中国—东盟传统医药高峰论坛、中国（玉林）中医药博览会，建立中国—东盟传统医药科技文化合作交流中心、东盟卫生人才培训基地等。

（六）新闻出版

2008年10月16日，第二届"中国—东盟新闻部长会议"在南宁召开，签署了《中国与东盟新闻媒体合作谅解备忘录》，并发表了《中国—东盟新闻部长南宁会议共同主席声明》。2011年，广西成功举办首届中国—东盟出版博览会。2013年，中国国家新闻出版广电总局委托广西在越南、柬埔寨、印度尼西亚等国成功举办了第五届中国图书展销会暨版权贸易洽谈会，促进双方出版业交流，寻求合作机遇。洽谈会上，有560多种中国图书与东盟出版商达成输出版权合同和意向。2013年9月，第二届中国—东盟出版博览会顺利在南宁召开，其间中国和东盟十国同台展示1万多种精品图书，同时签订了一系列项目。

（七）智库合作

自2008年成功举办第一届中国—东盟智库战略对话论坛以来，广西与东盟国家已成功举办6届中国—东盟智库战略对话论坛，成为中国—东盟博览会

□ 2013年第六届中国—东盟智库战略对话论坛

的常设论坛之一，为中国与东盟各国智库学术交流合作和人文交流合作搭建了重要平台，在增进中国与东盟战略合作中发挥着越来越重要的作用。第一届到第五届，中国—东盟智库战略对话论坛由广西壮族自治区人民政府主办，第六届由中国社会科学院和广西壮族自治区人民政府联合主办。第一届主题是《中国和东南亚：应对挑战，扩大合作》，第二届《全球环境变化中的中国和东南亚》，第三届《后金融危机的中国—东盟合作》，第四届《新形势下的中国—东盟合作》，第五届《新形势下的中国—东盟合作》，第六届《中国—东盟：增进信任，深化合作》。中国社会科学院与越南社会科学院保持了密切的合作关系，开展了广泛的交流合作，广西社会科学院与越南社会科学院、新加坡国立大学、泰国湄公河学院等东盟智库建立了紧密的合作关系，就共同关心的研究议题保持了深入的沟通交流。

（八）友好交往

近年来，广西成功承办亚洲政党专题会议、中国—东盟自由贸易区论坛及自由贸易区建成仪式、中越青年大联欢活动等一系列重大国际活动，与东盟国家的地方政府高层互访频繁，扩大对外友好交往。目前，东盟十国中已有越南、老挝、缅甸、泰国、柬埔寨等5个国家在南宁设立了总领事馆，在全国排第7位，马来西亚驻南宁总领事馆已完成选址。广西与东盟国家建立32对国际友好城市，排全国第1位。目前，广西已成功举办2届中越青年大联欢活动，第二届中越青年大联欢活动，吸引了进3000名越南青年参加。2011年5月，《碧海丝路》赴马来西亚演出，开展"海丝情缘·友谊合作"对外文化交

□ 《碧海丝路》剧照

流活动，并展出《北部湾画风——北海水彩画》、《"历史文化名城——北海"
图片展》。

2013年9月6日，中国—东盟汽车拉力赛在南宁市启程，从东兴出发，途经越南、老挝、泰国、马来西亚、新加坡、柬埔寨，在泰国、马来西亚、越南、老挝、柬埔寨举行4场集结赛、2场定速赛、1场卡丁车赛。

□ 2013年中国—东盟国际汽车拉力赛

第四章

立足新起点　共谱新篇章

——泛北部湾经济合作的前景和走向

2013年10月，中国国家主席习近平在印度尼西亚国会演讲时提出："东南亚地区自古以来就是海上丝绸之路的重要枢纽，中国愿同东盟国家加强海上合作，使用好中国政府设立的中国—东盟海上合作基金，发展好海洋合作伙伴关系，共同建设21世纪'海上丝绸之路'。中国愿通过扩大同东盟国家各领域务实合作，互通有无、优势互补，同东盟国家共享机遇、共迎挑战，实现共同发展、共同繁荣。"这一构想的提出，不仅为中国—东盟合作描绘了美好前景，也给泛北合作带来了新机遇和新动力。

P a n   B e i b u   G u l f

一、泛北合作在共建21世纪"海上丝绸之路"中的新机遇

（一）扩大开放的新机遇

海上丝绸之路自秦汉兴起以来，就是联通东西方的重要经济走廊、推动商业贸易繁荣发展的黄金路线。目前，我国和东盟已建成世界上最大的由发展中国家组成的自由贸易区，我国连续4年成为东盟第一大贸易伙伴，东盟是我国第三大贸易伙伴。随着21世纪"海上丝绸之路"的不断推进，中国—东盟合作空间将不断扩大，合作领域将不断拓展，合作关系将不断深化，合作动力将不断增强，这必将给泛北合作带来新机遇，有利于泛北合作各方扩大经济发展空间，创造新的、更多的经济增长点；有利于形成有效的经济合作平台，促进泛北相关各国加强沟通、互利共赢，有利于泛北相关各国充分发挥海洋优势和比较优势，互利互补，促进产业转移与分工，合力提升本地区的整体竞争力；

这无疑将推动泛北合作在中国—东盟合作中将扮演更重要角色，发挥更重要作用，成为"海上丝绸之路"的先导区。

（二）深化合作的新机遇

21世纪，经济全球化、区域经济一体化已经成为世界经济发展的总趋势。当前，全球金融危机后国际经济发生的深刻变革，对经济全球化进程也产生了重要影响，区域经济合作势头也在加快。尤其是与泛北部湾区域合作同时存在的次区域合作，如由中国云南、广西与柬埔寨、越南、老挝、缅甸、泰国组成的大湄公河次区域合作，以澜沧江—湄公河为主轴的"黄金四角经济合作"，由老挝、泰国、柬埔寨、越南主导的"湄公河流域持续发展合作"，以及新廖柔增长三角、新马泰增长三角、东盟东部成长三角等次区域合作势头正明显加快。这将极大地推动泛北经济合作的深入发展。共建21世纪"海上丝绸之路"，坚持和平、发展、合作、共赢，致力于维护世界和平、促进共同发展。它将成为中国与东盟之间开拓新的合作领域、深化互利合作的战略契合点，有利于推动中国与东盟之间增进共识、合作共赢。泛北国家和地区作为中国—东盟自由贸易区的核心区域，通过共建21世纪"海上丝绸之路"，将可以极大促进泛北沿线国家和地区在港口航运、经济贸易、科技文化、生态环境、人文交流等领域开展全方位合作，推动泛北部湾区域的繁荣发展。

（三）转型升级的新机遇

"走出去"是世界各国扩大对外开放，实现经济社会转型升级的重要方面之一，在经济全球化的背景下，泛北各国经济社会转型升级急需进一步拓展发展空间，密切与世界多个区域的经济联系。共建21世纪"海上丝绸之路"，将形成泛北连通世界各国的经济带，成为具有巨大发展潜力的海上经济大通道，使泛北合作从泛北地区的内部合作走向外部合作。这将有利于泛北合作各方共同吸纳与更合理地运用国际资本和外部资源，拓展泛北地区的发展空间，促进在更高水平、更深层次上的国际经贸合作；有利于泛北相关各国拓宽经贸合作的渠道，加速泛北区域经济的联系，提高相关各国的经济活力和效益，为泛北沿线各国的转型升级提供重要支撑，为各国可持续发展提供市场引擎。

二、泛北合作在共建21世纪"海上丝绸之路" 中的新定位

（一）21世纪"海上丝绸之路"的重要支点

以推动中国—东盟海上合作为重点的泛北部湾经济合作是共建21世纪"海上丝绸之路"的题中之义。泛北部湾经济合作自2006年正式启动以来，合作从无到有、从小到大、从共识到实践，从共建到共赢，形成了中国—东盟海上合作的新机制，取得显著成效，为共建21世纪"海上丝绸之路"打下了基础、积累了经验，取得了明显的先导效应。泛北部湾经济合作作为中国与东盟之间新的次区域合作项目，与以进一步深化中国与东盟海上合作为主要构想的21世纪"海上丝绸之路"具有区域目标的一致性，泛北部湾区域国家和地区以其独特的区位优势和良好的合作基础必将成为21世纪"海上丝绸之路"建设的重要支点。

（二）中国—东盟自贸区升级版的重要引擎

中国与东盟携手走过了不平凡的历程，开创了合作的"黄金十年"，并在努力创造合作的"钻石十年"，打造中国—东盟自由贸易区升级版成为中国与东盟合作的重要目标。通过携手打造共同市场，中国现已成为东盟第一大贸易伙伴，东盟成为中国第三大贸易伙伴。泛北部湾区域作为中国—东盟自由贸易区的核心区域，区域内各方合作的深化是加快中国与东盟在各领域合作的重要推力，必将激发出巨大的能量。巩固与深化泛北部湾经济合作的基础与成效，推动中国与东盟合作从"黄金十年"迈向"钻石十年"，将使泛北部湾经济合作成为中国—东盟自贸区升级版的重要引擎。

（三）中国—东盟命运共同体建设的先导区

2013年10月，中国国家主席习近平在印度尼西亚国会演讲中郑重提出携手建设中国—东盟命运共同体的倡议。建设中国—东盟命运共同体需要凝聚共识，发挥各自优势，进一步开展全方位、深层次、战略性的合作，实现政策沟通、道路联通、贸易畅通、货币流通和人心相通。泛北部湾合作各方有扎实合作的意愿和共识，合作路线图（战略框架）已经制定，贸易与投资合作保持旺盛发展势头，互联互通基本形成，人文交流日益密切与频繁，泛北部湾经济合作以深层次、多领域、全方位的合作基础与成效将成为中国—东盟命运共同体建设的先导区。

三、泛北合作在共建21世纪"海上丝绸之路"中的新使命

（一）加快完善实施泛北合作路线图和制定泛北合作规划

泛北合作领域广泛，为加快推进合作步伐，需要各方积极磋商，制定规划，科学布局。2014年1月17日，中国—东盟泛北部湾经济合作高官会通过《泛北部湾经济合作路线图（战略框架）》，明确港口物流、金融合作为优先和重点合作领域，标志着泛北部湾经济合作向务实推进迈出了关键性一步。

1.加快制订具体的行动落实计划

泛北合作各方应以路线图为指导，结合本国实际情况，加快制订具体的行动落实计划。

2.加快联合制定专项规划

2012年7月11日，泛北部湾经济合作联合专家组第五次会议讨论了中方专家递交的《泛北部湾港口物流合作专项规划》、《南宁—新加坡经济走廊陆上

交通基础设施专项规划》《泛北部湾农业合作专项规划》《泛北部湾贸易便利化合作专项规划》《泛北部湾投资便利化合作专项规划》《私营企业参与泛北部湾经济合作专项规划》和《泛北部湾地区经贸合作平台建设专项规划》7个专项规划，会议一致认为规划提出的思路、目标、重点项目和保障措施对下一步开展泛北部湾经济合作具有重要的意义。泛北合作应以此为基础，各方尽快派出专家组建联合专家工作组，进一步修改完善后与路线图一并提交中国—东盟经济高官会、中国—东盟经贸部长会议和中国—东盟领导人会议审议通过。

3.加快筛选建立项目库，加快规划实施

泛北合作各方需要尽快筛选一批海上贸易、港口、物流以及海上合作相关的项目纳入规划，条件较好的，争取尽快实施。中国方面，可以研究提出一揽子重点项目争取纳入泛北合作项目计划。中国对泛北合作中的东盟国家的信贷、特别援助项目等也可纳入泛北部湾经济合作项目框架。同时，根据加快北部湾经济区开放开发的要求，提出一系列具体项目，特别是连接西部地区与东盟国家的道路、港口等基础设施项目，极具竞争力的产业集群化项目，以及承接东部产业转移配套的基础设施、人才开发、金融发展等项目。

（二）建立合作新机制

泛北部湾经济合作论坛是泛北合作的重要平台和机制。2014年5月15日即将举办第八届泛北合作论坛，论坛定名为"第八届泛北部湾经济合作论坛——携手共建21世纪'海上丝绸之路'"。泛北部湾经济合作论坛以高层次、国际化、理论性的鲜明特色，得到了中国国家领导的高度重视和东盟相关国家的积极回应，在推进泛北合作中发挥了积极的推动作用。新的形势，新的起点下，为发挥泛北合作先导作用，积极共建21世纪"海上丝绸之路"，泛北合作需要着力在巩固现有合作机制的基础上，建立新的合作机制。

1.对话磋商机制

（1）推动建立泛北部湾经济合作国家领导人会议（泛北峰会）。泛北部湾经济合作成员国领导人每3年一次定期会晤，共同商议和制定开展泛北部湾经济合作的重大举措和决策，积极稳步推进泛北部湾经济合作。这是泛北部湾经济合作的最高决策机制。主要职能是确定泛北部湾经济合作的优先领域和基本方向；决定泛北部湾经济合作组织内部机构设置和运作的原则问题；研究决定其他重要合作问题。建议泛北部湾经济合作国家领导人会议每隔3年举行一次（参照GMS领导人会议3年一次），实行轮值主席国方式轮流主办。

（2）推动建立泛北部湾经济合作部长级会议。泛北部湾经济合作成员国家部长每年定期会晤一次。主要职能是研究泛北部湾经济合作行动计划，解决当前合作活动的重要问题，落实泛北部湾经济合作的决定，筹备泛北峰会，就区域合作问题进行磋商。必要时，部长级会议可以本组织名义发表声明。

（3）推动建立泛北部湾经济合作专业部长会议。泛北部湾经济合作涉及到领域广泛，优先领域包括基础设施建设、港口和物流、贸易投资便利化、农业、旅游、环境保护、生物多样性和产业合作等七个。可根据合作需要建立交通部长、农业部长、旅游部长、央行行长等部门领导人的会晤机制，定期召开泛北部湾经济合作成员国各部门领导人会议。主要职能是贯彻落实泛北部湾经济合作国家领导人会议的决定，研究解决在泛北部湾经济合作框架内各部门具体合作问题。

（4）推动建立泛北部湾经济合作高官会。泛北部湾经济合作成员国家高官会（副部长会议）每年根据合作需要和行动计划定期或不定期会务2~3次，主要职能是筹备部长会议，审议泛北论坛、泛北合作联合专家组和各工作组递交的建议和拟定政策并向部长会议汇报。

2.制度机制

制度机制主要是指具有国际法意义的各种公约、条约、协定和协议等制度安排的总和。在泛北部湾经济合作组织成立之前，要首先抓好具有先导性、纲领性地位的《泛北部湾经济合作框架协议》（或称为《泛北部湾经济合作协议》、《泛北部湾经济合作争端解决机制》等）的拟定与签署实施。在泛北经济合作组织成立后，要根据合作领域、合作需要，加快制定出台贸易、投资、交通、港口、渔业、旅游、金融等各领域合作（专业）协议或行动方案，加强对各领域合作的政策指导。

3.执行机制

由于泛北合作涉及众多部门、国家、地区，合作非常复杂。为了保证合作协议的执行，必须要有一个执行机构负责督促、执行合作协议，协调、化解合作纠纷。泛北合作初级执行机制包括：成立部长级和地方政府两级联合协调委员会，委员会由双方高层代表或指定的官员组成；联合协调委员会的主要职能是监督协定的执行，解释协定的规定，解决协定执行过程中可能产生的争议，拟定协定内容的增补及修正等；设置监督、评审、指导协定执行的机制，以及这些机制运行的程序与方法；具体落实和执行协定的措施和方法。部长级联合协调委员会每年至少召开一次例会地方政府级协调委员会每年可以召开数次会议。

4.日常组织机制

日常组织机制主要是指泛北部湾经济合作活动日常组织实施的具体执行机构。泛北合作需要加强以下组织机构建设：

（1）推动建立泛北部湾经济合作秘书处。泛北部湾经济合作秘书处为泛北部湾经济合作的常设机构，在泛北部湾经济合作部长级会议的指导下负责泛北部湾经济合作的日常行政、财务、联络、协调等工作，主要是为泛北部湾经济合作框架内的各种活动提供组织、技术和信息保障。泛北部湾经济合作中方秘书处已在2009年泛北部湾经济合作论坛期间在广西南宁正式成立。适当时机，也要成立泛北部湾经济合作（联合）秘书处。下设综合业务部、信息中心、泛北部湾经济合作基金管理部和行政后勤部，在业务上指导泛北部湾经济合作各专业工作组。秘书处工作机构设在商务部。

（2）发挥泛北部湾经济合作联合专家组的作用。联合专家组已于2008年7月成立，由泛北部湾经济合作成员各国政府官员和专家学者组成。至2012年7月已召开了5次联合专家组工作会议。当泛北部湾经济合作部长会议设立后，泛北部湾经济合作联合专家组应为泛北部湾经济合作部长会议的一个下属机构。积极开展泛北合作可研报告、规划、路线图等的联合研究。

（3）推动设立泛北部湾经济合作专业工作组。根据泛北部湾经济合作需要，在泛北部湾经济合作重要领域设立各种专业工作组，如贸易促进工作组、投资促进工作组、交通运输工作组、渔业工作组、旅游工作组、金融工作组、海洋资源保护工作组和中国南宁—新加坡经济走廊工作组等。这些工作组分别由1个或1个以上成员国负责召集，在业务上接受秘书处指导。它们是泛北部湾经济合作组织最具体的工作层次，是促进泛北部湾经济合作决议、决定具体实施的实际工作部门。主要职能是研究提出各专业领域及有关项目的政策；研究确定各专业领域合作的集体行动计划，并报泛北部湾经济合作部长会议批准；指导帮助经上级批准的各专业领域合作项目和计划的实施。

5.建立相关经贸合作机制

（1）尽快建立贸易合作与便利化机制。贸易与投资便利化合作是泛北各国在多领域、多层次、多方位的长期协作，而当前松散的合作形式不具备长期的协调与日常管理能力，因此要建立长期合作机制来制定贸易与投资便利化合作的原则、目标、优先领域和具体的行动计划。

（2）建立泛北部湾经济合作投资促进中心。建立泛北部湾经济合作投资促进中心，促进泛北区域内资本流动和增强对区外直接投资的吸引力，建立自由、便利、透明和具有竞争力的投资体系。

（3）建立泛北城市联盟机制。泛北部湾区域经济合作市长论坛已经召开多届，泛北城市可以考虑在市长论坛的基础上就加强城市之间在城镇化建设、新兴产业、金融等领域方面的合作进行交流探讨，逐步建立泛北城市政府的联席会议，形成泛北城市联盟机制。

（4）建立泛北港口战略联盟机制。泛北部湾港口合作符合各国的利益，各方应通过建立更加完善的沟通协调机制和信息服务网络平台，实现差异化发展、优势互补，提升区域港口整体竞争力。一是建立泛北部湾港口合作机制。在加强港口综合服务功能方面，对港口进行科学合理规划，实现泛北地区的港口资源的整合突破。同时，还可以考虑建立泛北部湾海运会谈机制，促进航运企业的深层次合作。二是加强港口的技术与信息交流与合作。开展港口、航运建设以及海运、现代物流技术和管理方面的人力资源开发、技术与信息交流。三是加强港口便利化合作。港口服务技术标准、便利化等政策差别应尽量缩小。四是建设中国—东盟港口服务网络平台。

此外，还应建立泛北农业、旅游、金融等产业合作机制以及包括设立泛北部湾发展基金、在泛北合作论坛框架下设立专业论坛、设立泛北合作中国国内协调机制等其他机制的建设，加速推动泛北合作。

（三）构建合作新平台

泛北合作区域是中国与东盟各国海上交往合作的最前沿，通过加快建设北部湾自贸区、海洋经济试验区，以及新的产业合作平台等新的平台建设，加速推进泛北合作进程，加快实现互利共赢。

1.推动北部湾自贸区

依托广州白云机场综合保税区、钦州保税港区、中马钦州产业园区、崇左凭祥综合保税区、北海出口加工区、南宁保税物流中心、海口综合保税区、洋浦保税港区等海关特殊监管区域和东兴国家重点开发开放试验区，启动北部湾自贸区建设规划。借鉴上海自贸区和国际通行的自贸区运行模式，探索改革货物监管和模式，在金融创新、贸易和投资合作、税收政策、通关和跨境运输便利化、临港产业、行政管理体制改革等领域开展先行先试，建成以临港物流、临港产业区为依托，与国际自贸区体制机制及政策全面接轨的自贸区，打造中国沿海开放新平台。

2.推动海洋经济试验区

在海洋资源开发等方面与泛北国家合作先行先试，加强与泛北国家的海洋产业合作，争取共同建立海洋经济试验区，设立泛北海洋研究实验室，积极发展海洋油气、海洋渔业、海洋运输、濒海旅游等产业，培育壮大海洋生物医药、海水综合利用、海洋工程装备制造等新兴产业，加快现代海洋产业集聚。大力发展海水养殖、远洋渔业，建设大型水产品精深加工、集散交易基地。加强海洋基础性、前瞻性、关键性技术合作研发，增强海洋开发利用能力。强化海洋减灾防灾，建立泛北区域应急合作体系，共同维护泛北区域海洋开发利用秩序。

3.新的产业合作平台

加快中马钦州产业园和马中关丹产业园两个姐妹园建设，按照两国领导人对园区的定位和要求，探索"两国双园"国际园区合作建设的新模式和新经验，提高双园核心产业竞争力，努力打造成两国投资合作旗舰项目，带动两国产业集群式发展。此外，还要加快中越（深圳—海防）经济贸易合作区、中国

（广西）·印尼经济贸易合作区、泰中罗勇工业园、越南龙江工业园等境外园区建设，加快互联互通、产业、金融、海洋产业、环境、人文、城市、港口物流等领域合作发展。未来，泛北不仅要加快中马钦州产业园、马中关丹产业园以及境外园区建设，还要与泛北国家一道设立更多的合作产业园区。同时，创建一些泛北部湾国家产业科技合作的交流平台，比如科技工业园、产业工程研究中心等，从而提升泛北产业合作层次。

4.贸易投资便利化平台

由于泛北部湾区域各国在政治体制、经济发展水平、法律法规以及文化等领域都存在很大的差异，迫切需要建立一些贸易投资便利化平台，及时发布各国国内市场需求信息，当地雇佣、资源及供应商信息，投资规则、法规、政策和程序等投资信息的发布。比如加快建设泛北区域性综合性投资信息公开平台，以英文为主，辅之以各国语言。该信息平台由各国政府投资促进部门、行业商会和符合要求企业共同参与建设，前两者负责平台的宏观信息和政策的即时更新和微观信息审核，减少企业投资盲目性；后者可以根据自身需求发布具体投资项目或企业投资需求信息，通过各国努力，逐渐使综合信息平台朝综合性、区域性、时效性、透明性发展。加快建设泛北部湾一站式投资中心的建设，将对外投资的各项标准审核、批准程序、投资咨询、营业执照和许可发放等业务集于一体的综合性组织。加快建立泛北部湾经贸信息港、商务数据库等的建设。

5.港口城市合作网络

泛北区域港口城市众多，风格各异，建立港口城市合作网络，推动加强城市间的交往，促进泛北区域各港口城市间的全方位合作，形成推进有序、重点突出、特色鲜明的泛北港口城市合作的立体格局。建立泛北港口合作组织。区域主要港口管理机构或港口企业代表加入，负责制定港口合作指导性文件，协商各方投资关系，指导港口企业开展合法经营。

（四）推进互联互通建设

互联互通是保证经济活动正常开展的必要条件。加快推进泛北国家和地区间的互联互通建设，对于进一步扩大泛北各国间的双边贸易和投资，充分发挥泛北地区在21世纪"海上丝绸之路"的先导区作用具有重要意义。

1.推进海洋港口联盟

积极争取举办泛北港口合作与发展论坛，共同探索构建泛北港口企业合作机制；建立研究支持机制，开展泛北地区港口物流基本情况的联合研究，成立泛北国家和地区物流合作跨国专家小组，研究建立泛北港口物流合作机制。推进泛北国家和地区的主要港口签署合作备忘录，建立友好合作伙伴关系。用好中国—东盟投资合作基金的作用，成立"亚洲基础设施投资银行"，为泛北各国加强港口基础设施，建设大型深水码头项目提供专项贷款，开拓泛北国家和地区港口间的直航班轮。

2.加快泛北陆路大通道经济走廊建设

用好中国—东盟互联互通合作委员会和中国—东盟交通部长会议等机制，加快推进越南河内至友谊关、河内—海防—芒街高速公路建设，积极开展南宁—河内标准轨快速铁路方案研究，联合沿线各国智库开展南宁至新加坡陆路交通走廊研究和设计等工作。加快推进南宁—河内—曼谷—新加坡旅游、商贸、加工制造、物流基地、通信网络等建设，促进交通走廊向经济走廊转变。

3.加强航空与电信领域合作

发挥好中国—东盟投资合作基金的作用，为泛北各国加强港口基础设施，改造升级机场设施，完善机场现有功能提供支持，不断扩大泛北国家和地区间的航线网络，推动泛北国家和地区通用航空业的发展，促进各国航空培训、地面维护、金融租赁、航空保险等行业的发展，加快建设泛北国家和地区间的光缆传输系统和信息基础设施，承载国际语音业务、互联网业务和跨境转接业务，推进泛北区域电信领域的互联互通。

4.加大互联互通QIC便利化合作

QIC即检疫检验、出入境和海关通关制度，泛北国家的QIC互不相同，因此，加强互联互通QIC便利化是互联互通的重点合作之一。泛北各国和地区应加强在通关法规制度、技术标准的统一、矛盾和争议的解决等方面的协调。探索推进泛北国家和地区游客落地签证和泛北国家客货运输"一卡通关"建设。

（五）加强多领域全方位合作

随着泛北各国和地区在海洋、金融、产业、人文、生态等多领域合作的不断拓展，必将推动彼此间合作关系的深化，从而为推进21世纪"海上丝绸之路"提供不竭动力。

1.海洋合作

（1）海洋渔业。建设低敏感海域产业合作交流示范基地等，开展海产品养殖加工合作，建设中国—东盟水产种苗繁育中心等。加强泛北各国和地区海事和渔业部门的合作，设立渔民遇险救助区域机制，为渔民提供及时、方便的救助。积极推进泛北国家和地区双边或多边海洋科考协议的签署及落实。

（2）推动建立北部湾"两国四方"海洋保护区网络。在中国（广西、广东、海南）及越南海域，选取典型、有代表性的生态系统、珍稀和濒危物种建立海洋自然保护区、海洋特别保护区及海洋公园，探讨建立北部湾"两国四方"海洋保护区网络，同时争取国际自然保护联盟、世界保护区委员会、大自然保护协会、全球环境基金、世界自然保护监测中心、联合国环境署等国际组织的支持。

（3）推动建立中越北部湾国际和平公园。在北部湾中越跨境河流北仑河入海口地带，建立中越北部湾国际和平公园，内设自然保护区、休闲旅游区、文化展示区、中越友谊馆、特色产品集市等，并将其作为增强边境安全稳定的有效途径。

（4）增强海洋环境安全。泛北国家和地区联合培训相关工作人员，提高海洋溢油事故应急处理能力。加强联合合作，确保海上石油、化学品及其他危险品、有害物品的运输安全。

（5）海上安全合作。建立健全泛北主要合作国家港口保安和海运安全合作机制，在泛北主要合作国家签署的一系列海事合作谅解备忘录的框架内建立长期稳定的合作关系，加强港口保安、海运安全工作。

2.金融合作

（1）健全泛北区域金融风险预警和救助机制。构建区域性防范和预防机制，建立统一的金融监测与统计指标体系，架构多层次区域金融安全网，不断提升区域金融风险化解处置能力，携手抵御区域和国际金融危机的冲击。

（2）完善泛北区域货币支付结算系统。在不断推进双边本币互换协议实际运用的基础上，进一步完善货币互换机制，同时加强泛北区域银行间本币清算合作的有效性，降低区内贸易和投资的汇率风险和结算成本，继续强化"清迈倡议"多边化合作。

（3）推动泛北区域金融机构的互利合作。鼓励泛北相关国家的商业银行来中国设立分支机构或参股中资银行，建立战略合作伙伴关系。同时，积极支持中资金融机构根据自身的资金实力、风险控制能力、市场和业务定位等情况，到泛北国家和地区设立分支机构，加强与泛北国家和地区金融机构开展跨境合作。

（4）成立泛北金融合作论坛。充分利用泛北合作论坛这一平台，为泛北各国的金融主管部门、银行高层提供定期会晤场所，通过合作论坛平台把泛北金融合作论坛办成常规化的论坛。通过论坛，积极开展多领域多层次的交流和联系，增进信任与理解，共商区域金融合作的长远规划，推动银行业的信息交换、市场准入和危机处理等方面的对话与合作机制的建立，推动跨境人民币国际结算向纵深化、多元化方向发展。

（5）加强泛北国家和地区在金融监管领域的合作。泛北国家和地区间应互通信息，共同加大监管力度，及时对金融市场上可能产生风险的变动进行沟通，及早提出解决方案。

3.产业合作

（1）建立健全泛北产业合作协调机制。建立泛北产业合作联席会议制度，研究解决区域产业合作的协调和重大事项的推进。建立泛北产业经济交流合作机制。泛北国家和地区定期与不定期开展双边或多边的工业产品展销（洽谈）会、工业技术与合作论坛或工业领域高层次研讨会，以增进双边或多边的了解和沟通。

（2）加强重点产业领域的务实合作。充分发挥中国在纺织、化工、冶炼、医药、家电、机械、电子通信等产业优势，与泛北相关国家开展合作，共同打造北部湾生态产业基地，推进泛北相关各国的产业企业的发展。

（3）加大产业科技合作力度。根据泛北区域各自经济、科技发展状况，针对共同关心的产业科技合作领域进行合作，通过产业研发合作，提升双边或者多边产业的创新能力和核心竞争力，促进科技共同进步。不断完善泛北产业合作发展进程相适应的科技服务体系。同时，创建一些产业科技合作的交流平台，例如泛北科技工业园、产业工程研究中心等。

（4）加强产业信息合作。进一步加强泛北地区产业信息合作，建立泛北产业信息网站，建设大型、通用的产业信息数据库，使产业信息交流更加畅通、便捷和高效，为促进泛北国家和地区间的产业合作服务。

4.人文合作

（1）教育领域。加强泛北国家和地区高层教育机构的往来。充分利用"教育交流周"平台，开展宽领域、多层次和全方位的合作与交流；继续深化中学及高等教育机构间的务实合作，适时在学分互认、人才培养、语言教学、联合科研、学生流动等方面加强交流与合作。增加对泛北国家中国政府奖学金数量，鼓励学位互认，促进双方学生交流，支持中国与东盟"2020双十万学生流动计划"倡议；继续增进青年之间的了解，加深彼此友谊，促进在语言艺术文化等领域的交流；深化泛北国家各自的知识分子及大学之间的学术合作，联合设立硕士学位，开设促进教育交流的相关课程，联合举办学术会议等。

（2）旅游领域。泛北国家和地区通过中国—东盟旅游部长会议加强机制沟通，在政策方面加强对话和合作，推动旅游企业间的合作和联系，共同开发旅游产品，加强相互间旅游主管部门的交流，相互派遣人员参加旅游展和旅游论坛。落实《东盟旅游战略计划2011—2015》，开展营销与推广、人力资源开发、旅行和投资便利化、出境市场和中国游客特点研究等联合项目。共同研究在危机中和紧急情况下的协调机制，将意外情况对旅游业的影响减到最小。推进泛北区域旅行便利化，推进实施各项牵头项目，探索研究泛北旅游单一签证制度，加强旅游人力资源开发和基础设施建设，积极推广营销旅游资源和线路，打造统一旅游目的地。

（3）文化领域。泛北国家和地区应积极落实《中国与东盟文化合作谅解备忘录》和《中国—东盟文化产业互动计划》，继续加强文化主管部门的政策沟通与交流，举办泛北文化产业论坛，通过交流举办大型活动经验，加强文化领域人力资源开发和培训合作。在文学、表演艺术、视觉艺术、艺术教育及文化产业方面积极开展交流与合作，开发泛北文化产品市场，鼓励和支持泛北区域的文化遗产保护部门和文物考古、档案馆、博物馆、图书馆及其他文化机构之间合作和交流，大力发展泛北文化产业。推动泛北区域文化艺术家之间的交流，联合保护及推广民族传统节日，举办更多更高规格的传统文化艺术活动，加强在传统体育运动方面的交流与合作。

5.生态环境领域

（1）探索建立泛北环境交易中心。通过市场化手段对排污总量进行控制，调节泛北经济发展与环境保护之间的平衡，激发技术进步，提高资源利用率。主要业务包括节能减排、环境保护与能源领域中权益交易；环境能源利用权交易；二氧化碳、二氧化硫、化学需氧量等能源利用权益交易服务；清洁发展机制及生态补偿、合同能源管理、节能环保技术转让与投融资、环境标志低碳产品认证等。

（2）推动建立泛北环境教育与环保技术服务中心。在环境无害化技术、环境标志与清洁生产等方面开展信息和环保技术培训。实施有效措施，制定行动方案，提升滨海排水区的废水处理能力，减少入海污染物排放。促进泛北区域内废弃物循环利用，提高原材料使用效率，减少温室气体排放量。促进环境无害化技术发展与转让，推动环境标志与清洁生产合作。

（3）提高生态环境质量。促进区域内废弃物循环利用，提高原材料使用效率，减少温室气体排放量。共同实施沿海自然保护区内的森林和生物多样性维护计划，植树造林，构建滨海绿化带。探索联合进行环境监测的可能性，提高环境监测水平。

第五章

打造新门户　构筑新枢纽

——充分发挥广西在21世纪"海上丝绸之路"的先导作用

推进21世纪"海上丝绸之路"建设，对于突出广西在"海上丝绸之路"建设中海陆连接、江海联通的独特区位优势，进一步扩大广西全面开放开发，强化广西服务中国西南华南，沟通东中西，面向东南亚的战略地位具有重大意义。

Pan-Beibu Gulf

一、优势与基础

（一）广西建设"海上丝绸之路"的独特优势

1.古代海上丝绸之路的重要始发港

据《汉书·地理志》明确记载，在2000多年前的秦汉时期，灵渠的开通，打通了长江—西江水路，沟通了北部湾与长江流域、中原的联系，形成了以合浦港为始发港，面向东南亚，联通南亚、非洲的古代海上丝绸之路。西汉元鼎六年（公元前111年）设置合浦郡，是汉朝南海对外开展海上贸易、人文交流的重要门户和枢纽，是中国南方重要的对外开放窗口，也是中国从海上走向东南亚、南亚、欧洲的最便捷的海上通道。

2."海上丝绸之路"是海陆交汇的重要枢纽

广西地处西南经济圈、华南经济圈和东盟经济圈的结合部，背靠大西南、毗邻粤港澳、面向东南亚，是中国大陆东、中、西三大地带交汇点，是中国唯一与东盟海陆相连的省份。陆路边界线长1020公里，海岸线长达1629公里，"南新走廊"一廊通七城，北部湾"一湾连多国"，西江黄金水道贯通东西，是中国通往东盟最便捷的陆路大通道，是中国西南中南地区最便捷的出海大通道，在"海上丝绸之路"建设中具有独有的区位优势。

3.与东盟具有紧密久远的人文相通优势

广西与越南、老挝、泰国的多个民族有民族学上的亲缘关系，长期以来亲睦和谐，友好交往。广西是中国的第三大侨乡，东盟各国华侨众多，华侨亲属与东南亚保持着亲缘的密切往来。由于广西与东盟国家地缘相邻、习俗相通、语言相似、文化相融等原因，双方有较多的文化认同理念和稳定的友好关系。目前，东盟十国中的越南、老挝、缅甸、泰国、柬埔寨5国在南宁设立了总领事馆，马来西亚驻南宁总领事馆已完成选址；东盟在华留学生有1/5在广西就学，广西区内大学已开设东盟十国的官方语言课程；中国—东盟科技转移中心、中国—东盟青年联合会、中国—东盟青少年培训基地、中国—东盟妇女培训中心落户南宁；广西与东盟国家缔结了37对友好城市，数量居全国首位。

（二）广西建设"海上丝绸之路"的良好基础

1.港口合作打造了海上合作的重要基础

广西沿海港口是中国距离马六甲海峡最近、发展潜力最大的港口。近年来，港口建设快速推进，口岸开放不断扩大，相继开通了防城港—香港—蛇口—海防集装箱班轮航线、防城港—巴生—新加坡—曼谷集装箱直航班轮航线，北部湾港至新加坡、马来西亚巴生港、泰国曼谷港、越南海防港、越南胡志明港等多条海上直达航线和北海至越南下龙湾的海上旅游航线。建立了中国—东盟港口城市合作网络，与多个国家签署了港口合作备忘录和港航物流合作协议，具备了参与21世纪"海上丝绸之路"港口合作的良好条件。

2."南宁渠道"搭建了有效的合作平台

中国—东盟博览会，是中国和东盟之间开展全方位合作的新模式，是中国与东盟沟通的"南宁渠道"。自2004年首届中国—东盟博览会在南宁举办以来，通过这一渠道，中国与东盟各国之间达成了《南宁共识》、《南宁联合宣言》、《南宁倡议》等多项共识，形成了多个合作机制；围绕着中国—东盟自由贸易区建设进程，落实自贸区《货物贸易协议》、《服务贸易协议》、《投资协议》，举办一系列投资、贸易促进活动，促进了中国与东盟各国之间的经贸合作和交流沟通。通过这一兼具政治、外交、经济意义的渠道，中国与东盟国家领导人之间、部长之间和地方领导人之间经常进行交流，促进了中国与东盟战略伙伴关系的进一步发展。每年一届的中国—东盟博览会暨商务与投资峰会受到与会各国政府的高度重视，各国领导人高规格出席已日益形成机制化，加之政商各界精英云集，推动次区域合作效果十分显著，为广西参与21世纪"海上丝绸之路"建设搭建设了坚实的基础平台。

3.泛北部湾经济合作建立了先行合作机制

2006年，在广西的积极倡导和推动下，中国、东盟成员国和亚行共同启动了"泛北部湾经济合作"。至今，泛北合作论坛已成功举办7届，有力地促进了中国与东盟在港口物流、临港产业、海上旅游等领域的合作。2008年，成立了由11国、12方组成的联合专家组，2011年11月，中国—东盟第十四次领导人会议通过《泛北部湾经济合作可行性研究报告》，并于同年将其重要内容写入中国—东盟领导人峰会《主席声明》。2014年1月17日，中国—东盟泛北部湾经济合作高官会通过了《中国—东盟泛北湾经济合作路线图（战略框架）》。泛北合作突出中国—东盟海上合作特色，把港口物流最为优先合作领域，在海上丝绸之路建设中具有突出的作用和地位，是建设21世纪"海上丝绸之路"的先行项目和关键支撑。经过多年推动，泛北合作在中国与东盟国家以及亚行、东盟秘书处已经形成了广泛的共识，已成为中国—东盟海上合作的重要机制。

4."两国双园"开创了国际合作的新模式

2011年10月，中马两国正式签署共建中马钦州产业园区项目协议。2012年4月，中马钦州产业园区正式开园。2012年4月1日，马来西亚总理纳吉布与时任中国国务院总理温家宝在出席中马钦州产业园区开园仪式时，提议中国在马来西亚创建"马中合作产业园"。对此，温家宝总理予以积极回应。同年6月，中马双方共同在吉隆坡签署了《关于马中关丹产业园合作的协定》。自此，由中马两国总理亲自推动、两国政府合作共建的马中关丹产业园区，与中马钦州产业园一起，成为世界上首个互相在对方建设产业园区的姊妹园区。

2013年10月，习近平总书记和李克强总理出访东盟时，与马来西亚总理纳吉布会谈达成共识，提出将钦州、关丹产业园区打造成为两国投资合作的旗舰项目，开创了共享共赢的国际合作新模式。

5.经贸合作推进了中国—东盟自由贸易区升级版

近年来，广西与东盟的合作风生水起，双方经贸关系日益紧密，与东盟的贸易额稳居西部12个省区市之首。2002年到2012年，广西实际利用东盟资金增长了5.56倍，年均增长20.7%。截至2012年，东盟国家在广西设立的合资、合作、独资企业489家，累计合同外资总额和实际利用外资额大幅增长；广西与东盟贸易占进出口总额比重从2007年的30.0%上升至2012年的40.9%。东盟已连续多年成为广西第一大贸易伙伴、第二大利用外资来源地和广西企业"走出去"的重点地区，双方合作不断加深，利益纽带日益牢固。

6."双核驱动"打造了开放合作的新支点

近年来，广西全面实施北部湾经济区和西江经济带"双核驱动"战略，形成了海陆互动、江海联动、边海协动的开放发展新格局。广西北部湾经济区纳入国家战略，实现快速发展，综合经济实力不断增强，产业园区、港口建设、保税物流、互通互联等领域取得了重大突破。珠江—西江经济带即将上升为国家战略，将进一步深化东西部合作，推进桂粤港澳一体化。依托北部湾经济区开放开发重要节点，打造西南中南开放发展新的战略支点，将为21世纪"海上丝绸之路"建设提供坚实的支撑。

二、定位与目标

（一）发展定位

1.开放合作的新门户

充分发挥广西与东盟国家山水相连、海陆相通、人文相亲、习俗相近的独特优势，巩固传统友谊，提升合作水平；进一步开放货物、服务和投资市场，提高经济政策的关联度，实质性提升贸易投资自由化和便利化水平，逐步形成以自由贸易程度高为重要特征的区域经济一体化格局，扩大中国与东盟国家在经济、社会、文化等全方位交流合作，促进互利共赢，共同繁荣发展，把广西建设成为21世纪"海上丝绸之路"的新门户。

2.互联互通的新枢纽

突出广西在21世纪"海上丝绸之路"、丝绸之路经济带建设中海陆连接、江海联通的独特区位优势，坚持优先推进互联互通建设，力促中国—东盟互联互通总体规划和中国—东盟交通合作战略规划的实施，加快海陆通道和对外门户建设，依托北部湾沿海大港、沿边口岸和珠江—西江黄金水道，完善和提升连接西南、中南的综合交通网络，打造与东盟海陆空的全方位立体交通体系，把广西建设成为21世纪"海上丝绸之路"、联通丝绸之路经济带的新枢纽。

3.经贸合作的新平台

努力把广西建设成为中国西南中南地区开放发展新的战略支点，强化沟通东中西、面向东南亚的战略地位，拓展深化中国—东盟合作的"南宁渠道"，积极推进北部湾自由贸易港（区）、中越跨境经济合作区、中国—东盟海洋经济合作区等规划建设，加快建设沿边重点开发开放试验区、沿边金融综合改革试验区，积极推动中国南宁—新加坡经济走廊建设，探索共建共享共赢的合作新模式，把广西建设成为21世纪"海上丝绸之路"的经贸合作新平台。

4.示范引导的先行区

拓展广西服务中国—东盟开放合作前沿功能和领域，探索"两国双园"可复制可推广开放合作新模式；积极推进与东盟国家在港口运输、临港工业、海洋渔业、滨海旅游、海洋能源等产业合作，促进海洋产业集中度提高、产业集聚力带动力增强、产业可持续发展能力全面提升，形成竞争力强、辐射面广的海洋产业集聚带；探索通关、投资、贸易便利化新做法，积极推进双边多边政策衔接，打造中国—东盟自由贸易区"升级版";探索海上合作新机制,加强在海洋运输、海洋资源勘探与开发、海洋环保、海上搜救、海上安全等方面的合作,加快推进中国—东盟海上合作试验区建设。

(二)发展目标

围绕把广西打造成为21世纪"海上丝绸之路"的新门户新枢纽的总目标,全面提升互联互通基础设施支撑能力,北部湾区域性国际航运中心基本建成,珠江—西江黄金水道作用充分发挥,面向东盟的航空枢纽逐步形成,连接西南中南直通东盟的海陆国家大通道全面建成。开放门户作用充分发挥,国际国内区域合作达到新水平,多区域合作体制机制不断创新,跨省际和跨境区域合作成效显著,沿海沿边沿江对外开放格局基本形成。中国—东盟战略合作重要平台基本建成,中国—东盟合作的"南宁渠道"得到拓展深化,北部湾自由贸易港(区)、中越跨境经济合作区、中国—东盟海洋经济合作区等平台建设取得新进展,沿边重点开发开放试验区、沿边金融综合改革试验区建设取得新突破,中国南宁—新加坡经济走廊建设取得新成效。示范引导先行区建设成效显著,"两国双园"合作模式全面推进,先进制造业基地、区域性金融中心、现代商贸物流集散中心和信息交流中心基本建成,综合服务西南中南的功能全面提升。

三、路径与举措

(一)发展路径

发挥广西沿海沿边沿江的独特优势,依托与东盟互联互通国际大通道,坚持海陆互动、边海协动、江海联动,统筹内外双向开放,服务西南、中南、华南，实施北部湾经济区与西江经济带"双核驱动"战略，加快推进中国南宁—新加坡经济走廊建设，形成海边江三路并进的"一区一带一廊"发展格局。

"一区"——北部湾经济区。优先发展北部湾经济区，全面深化泛北部湾经济合作。重点加强港口集疏运体系建设，打造北部湾区域性国际航运中心，全面提升北部湾连接西南中南直通东盟的海上运输能力。加快发展临港现代产业，大力发展重化工业和战略性新兴产业，拓展旅游、金融、农业、海洋产业、海洋生态环境保护等领域合作，加快形成产业集聚。壮大中心城市，大力发展临海重要城镇，完善城市功能，推进港产城联动开发，推动南北钦防信息、交通、金融、教育、社保等领域同城化发展。全面深化与广东、海南及越南的交流合作，积极推进环北部湾城市群建设，努力建成"海上丝绸之路"的重要桥头堡。

"一带"——珠江—西江经济带。充分发挥西江黄金水道上联大西南，下通粤港澳的优势，大力提升黄金水道通航等级和吞吐能力。依托桂东承接产业转移示范区、粤桂合作特别试验区、产业合作示范区等重要平台，加快产业结构调整，加大承接东部产业转移力度，大力发展先进制造业、轻工食品业和战略性新兴产业，壮大主导产业集群，努力将珠江—西江经济带打造成为西南中南地区与珠三角地区、丝绸之路经济带与"海上丝绸之路"有机连接的黄金大通道、合作发展新高地。

"一廊"——中国南宁—新加坡经济走廊。立足南新走廊"一廊连七城"的优势（南宁、河内、胡志明市、金边、曼谷、吉隆坡、新加坡），充分发挥沿线各国人流、物流、信息流、资金流的聚集效应，推动区域内工业、农业、旅游业、交通、投资贸易以及服务业等产业的深度合作。与此同时，加快广西沿边金融综合改革试验、东兴国家重点开放开发试验区、凭祥综合保税区等平台的建设，积极规划推进中越跨境经济合作区建设，构建走廊范围内优势产业群、城镇体系和口岸体系，把"南新通道"打造成为沟通中国南部与中南半岛东盟国家的经济大动脉。

（二）广西建设"海上丝绸之路"的重要举措

1.以中国—东盟合作为主切入点，推动多层次、宽领域、常态化的合作机制建设

（1）建立健全泛北合作机制。进一步完善和全面实施《中国—东盟泛北部湾经济合作路线图》，积极推进泛北合作论坛升格为21世纪"海上丝绸之路"论坛，深化和提升泛北合作为"海上丝绸之路"的重要机制。推动泛北部湾经济合作秘书处、项目合作中心等工作机构落地广西。尽快在港口、物流、农业、科技、环保等重点合作领域启动一批重点合作项目，积极发挥亚行、国家开发银行等金融机构的作用，加大金融对合作项目的支持力度。

（2）拓展深化"南宁渠道"功能。积极拓展中国—东盟博览会、中国—东盟商务与投资峰会服务"区域全面经济伙伴关系"功能，完善办会机制，充分发挥在促进政治、外交、经贸、文化等多领域交流合作的重要平台作用；力争将中国—东盟博览会和商务投资峰会上升为21世纪"海上丝绸之路"建设的战略性主导平台，使之成为同时服务"10+1"和"10+6"的有效载体，增强服务21世纪"海上丝绸之路"的经济合作功能。

（3）加快推进重点领域合作机制建设。在互联互通合作机制方面，拓展中国—东盟互联互通合作委员会、中国—东盟交通部长会议、中国—东盟港口城市合作网络等平台。在产业合作机制方面，进一步拓展中马（钦州）产业园和马中（关丹）产业园的"两国双园"合作模式，推进中泰、中印尼、中越等的合作产业园，以及中越跨境经济合作区建设。在人文合作机制，增强中国—东盟技术转移中心、青年联合会、青少年培训中心、妇女培训中心等平台的作用。在生态合作机制方面，落实《中国—东盟环境保护合作战略》、《中国—东盟环境合作行动计划》，与越南等东盟国家在北部湾海洋气象灾害监测预警、生态环保、循环经济等方面加大合作，搭建"中国—东盟环境合作示范平台"。在海上安全合作机制方面，推进北部湾国际搜救合作，推动建立区域间应对涉外突发事件、领事保护和海上搜寻救助合作机制。

2.加强海陆互联互通建设，着力构建21世纪"海上丝绸之路"的新枢纽新门户

（1）港口物流建设方面，以打造国际性区域航运中心为目标，发挥北部湾港面向东盟、辐射西南中南、联动东部沿海的优势，推进大型深水码头、深水航道、货柜港口、内陆陆港（无水港）、后方集疏运通道建设，加密以东盟主要港口为主的国际航线，培育集装箱、件杂货、散货等班轮航线，建设完善与东盟各国港口公共信息共享平台，加快构建网络衔接、畅通便捷、信息共享、安全高效的泛北部湾港口群。以实现江海联动为目标，着力提升珠江—西江内河通航能力，加快推进西江铁水联运、公水联运，积极推进主要港口、铁路和公路货运站场及运输装备等联运设施设备建设，大力推进铁路、公路装卸线向港口码头延伸，推进"港站一体化"，实现铁路、公路货运站场与港区无缝衔接。规划研究连接西江—北部湾的平陆运河，实现江海联运。

（2）陆路通道建设方面，发挥中国—东盟投资合作基金和即将成立的亚洲基础设施投资银行的作用，加快推进凭祥—河内、东兴—下龙—海防高等级公路建设，南昆铁路增建二线、贵阳至南宁快速铁路等建设。大力推进兰州—（西安）—重庆—（成都）—贵阳—南宁的中国西部快速铁路通道建设，实现"海上丝绸之路"和丝绸之路经济带的融合贯通。

（3）航空通道建设方面，加快将南宁、桂林机场建设成为面向东盟的航空中转枢纽。在稳固现有东盟定期航班的基础上，陆续新开至越南河内和岘港、马来西亚槟城、菲律宾宿务、柬埔寨暹粒、泰国清迈、文莱斯里巴加湾等东盟城市航班，形成广西直通东盟各国的航线网络。

（4）口岸通关建设方面，加强口岸、海关、检验检疫合作，提升贸易便利化水平，促进中国—东盟商贸物流高效通达。加强口岸基础设施建设，重点推动北海港、防城港、东兴、水口等口岸扩大开放、支持推进中越跨境便利运输，支持建设以广西为中心的西南中南区域电子口岸。深化海关合作，推动查验结果互认，海关进出口申报单证协调。开展检验检疫电子证书合作，实现标准和结果互认，全面提升通关便利化水平。

3.推进"一带一区一中心"建设，着力构建21世纪"海上丝绸之路"的产业合作新高地

（1）建设北部湾临港产业带。依托广西北部湾经济区的地理区位和政策洼地优势，整合粤桂琼三地资源和力量，加强与东盟国家产业合作，打造北部湾经济临港产业带；加快规划建设中马钦州产业园、马中关丹产业园、中印尼（防城港）产业园等双边、多边合作园区建设，与西南中南等地区共建临海产业园区，促进产业集聚发展；加强与东盟国家新能源与再生能源合作，深化中国—东盟矿业合作机制，拓展中国—东盟矿业合作论坛功能，建设产业合作交流示范基地；加快热带农业合作，重点推动中国—东盟水产品生产加工贸易集散中心、海洋水产种业联合研发中心、中马海外远洋渔业合作基地、左右江中国—东盟生态文化立体产业先行区、中国—东盟热带农业合作基地等项目建设。加强生态合作，建设中国—东盟环保技术和环保产业示范基地；加快在广西布局建设面向东盟的北斗卫星导航产业集群。西江经济带重点打造汽车、机械、冶金、建材等先进制造业基地，加快桂东承接产业转移示范区、粤桂合作特别试验区、粤桂产业合作示范区等建设，推进两广经济一体化发展。南宁—崇左经济带重点构建有色金属、制糖、茧丝绸等资源深加工产业集群，加快中越跨境经济合作区、中泰（崇左）产业园和东兴、凭祥等重点开发开放试验区建设。

（2）探索建设中国—东盟海上合作试验区。在中越"两廊一圈"合作的基础上，在中越双方共同认可、敏感度低的北部湾区域内，开发利用海洋资源，发展海洋经济，与越南探索建立海上合作试验区。加强与东盟国家在海洋渔业、海洋生物制药、海水综合利用、海上旅游等产业的合作，建设中国—东盟海上渔业走廊、远洋渔业基地、现代海洋产业示范区；加快整合环北部湾旅游圈和泛北部湾旅游圈，共同打造中国（北海）—越南（下龙湾、岘港、胡志明）—泰国—马来西亚—新加坡—印度尼西亚—文莱—菲律宾—中国（香港—海口—北海）的"海上丝绸之路"旅游精品线路。与泛北部湾国家共同开展海洋环境监测，建立海洋生态环境及重大灾害动态监测数据资料共享平台、北部湾海域海洋和渔业联合执法机制、北部湾地区海上专业救助基地；争取国家在

北部湾经济区设立国家级海洋研究所，推进与东盟国家海洋合作。

（3）建设中国—东盟信息交流中心。充分发挥中国—东盟信息网作用，深化中国—东盟信息交流合作，提升信息重点合作领域的服务和支撑能力。实施中国—东盟国际互联光缆工程，积极推进中国—东盟商务信息港、CA认证体系、公共数据资源交换平台等建设，规划建设国际标准数据处理中心（IDC）、国际呼叫中心、国家级灾备中心、区域性计算中心，加强信息安全建设，加快建设面向东盟、服务西南中南的区域性国际通信网络体系和信息服务枢纽。规划建设中国—东盟信息服务产业园及国际信息服务平台，培育壮大信息服务产业集群。推动"中国智能骨干网"核心节点落地广西，打造与东盟商品双向进入的主通道。

4.加快现代商贸物流基地建设，着力构建海上丝绸之路开放型经济体系

（1）推进跨境经济合作区建设。加快推进现有国际合作园区建设，积极推动广西与东盟国家设立产业合作园区。加快推进东兴重点开放试验区建设，推动跨境合作、跨境金融、国际旅游、国际劳务合作、投融资管理等方面大胆试验，打造边境特区。加快中越东兴—芒街、凭祥—同登跨境经济合作区建设，推动龙邦—茶岭跨境经济合作区建设，探索两国经贸合作新模式，打造两国沿边开放合作新高地。以北海、钦州、防城港区为依托，积极推动建设北部湾自由贸易港（区）。

（2）构建东盟特色的会展产业，进一步提升中国—东盟博览会效应，围绕博览会优势资源，增加东盟相关会展的数量，提升东盟特色会展的内涵，优化东盟特色系列会展组合，加快东盟会展产业建设，巩固提升广西东盟特色会展的地位和作用。鼓励各地市进一步拓展与东盟各国的合作与交流，发展专业性、群众性及区域性特色会展。尤其是加强边境地区会展建设，发挥中越边境经贸合作优势，做精做优"中越凭祥科技贸易博览会"、"东兴芒街商贸旅游博览会"、"崇左—国际商务文化节"等地方性会展，打造边境特色会展经济区。

（3）加快建设面向东盟市场的出口加工基地。以南宁保税物流中心为引擎，加快建设农产品加工、机械制造、铝加工、生物工程与制药、电子信息、

化工等出口加工基地。以钦州保税港区建设为契机，建设电子、粮油、船舶、汽车和化工产品出口加工基地。以北海出口加工区建设为契机，建设电子信息、新材料、造纸、水海产品、轻纺产品出口加工基地。以防城港企沙工业区建设为契机，建设精品钢铁、重型机械、能源、粮油出口加工基地。抓住凭祥综合保税区优势，大力发展轻纺、五金家电、塑料制品、农产品、木材等产品的出口加工企业。

（4）打造东盟资源进口基地。以钦州千万吨炼油项目建设为契机，加快原油码头、铁路口岸和原油储罐的建设，积极打造面向东盟的原油进口基地。以防城港和钦州市为核心的广西北部湾港，加快建设煤炭专用码头和配送中心，提高煤炭吞吐能力，积极建设大型进口煤炭基地。以北海市打造北部湾"硅谷"为契机，加快与东盟发达国家电子产业的对接，积极建设电子产品进口加工基地。以防城港为重点，通过提高防城港矿石吞吐能力，积极建设东盟铁、锰、钛、铜、铝、铅、锌、锡等矿产品和有色金属进口基地。以凭祥等边境县市为主，利用东盟木材资源丰富的优势，大力发展木材加工业，带动相关展销、物流、仓储、出口等业务的发展，形成完整的产业链，建设成为东盟木材进口加工基地。

（5）建设一批面向东盟的区域性国际商品市场。积极推进南宁的中国东盟农产品水果市场、中国东盟食糖市场、中国东盟人力资源市场，北海的中国东盟水产品市场，东兴的中国东盟橡胶市场和中国东盟轻纺边贸市场，玉林和爱店的中国东盟医药市场，凭祥的中国东盟红木家具市场等一批特色鲜明的商品交易市场向商品展示、交易、仓储、货运、金融结算等一体的大型交易市场转型。加快边贸市场建设，形成以凭祥、东兴市为中心，宁明、龙州、大新、靖西、那坡、江山港、企沙港、石头埠港、果子山港等地为节点，布局合理、功能明确、结构优化、分工明晰的边贸市场体系。

5.加快沿边金融综合改革，建立21世纪"海上丝绸之路"合作的"金融总部基地"

探索建设金融合作试验区，深化金融支持实体经济力度，吸引东盟各国金融资源和要素在试验区进行聚集，推动北部湾经济区建设成为21世纪"海上丝绸之路"合作的"金融总部基地"。

（1）完善金融组织和市场体系。首先，鼓励中国—东盟国家互设金融分支机构。支持东盟国家资本或试验区内符合条件的民间资本在试验区发起设立或参股组建村镇银行、贷款公司、小额贷款公司和融资性担保公司等新型金融机构。鼓励试验区地方法人金融机构在东盟国家设立分支机构或合资公司，拓展国际业务。其次，建立银行间人民币与东盟国家货币交易市场，进行人民币对东盟国家货币的汇率报价、交易、清算等，推动人民币在东盟的区域化进程，提高试验区的金融地位，有效促进中国与东盟的经贸合作。第三，建立基于跨境金融合作的区域性场外交易市场。结合现有区域性股权交易市场建设，拓宽区域性股权交易市场的外延，允许符合条件的东盟国家企业到区域性股权交易市场挂牌交易。

（2）创新人民币跨境业务，拓展东盟区域人民币回流机制。允许符合一定资质的企业赴东盟国家发行人民币债券。面向东盟地区发行人民币基金，用于试验区投资建设。设立东盟RQFII（人民币境外机构投资者）并给予相应额度以购买广西发行的地方债和项目债，吸引境外人民币以贷款方式投资试验区内的产业项目，鼓励东盟地区财团或法人以人民币购买试验区内企业股权，允许符合条件的境外机构以人民币为计价货币，募集海外人民币资金，在试验区内发起设立公募或私募基金。开展跨境人民币双向贷款试点。鼓励银行开发境内外联动的人民币融资产品。适度开展试验区内个人定向东盟国家的境外直接投资试点。实现人民币与东盟小币种自由兑换和交易，探寻人民币实现完全自由兑换的路径。

（3）加强金融服务基础设施建设，一方面要加强支付清算系统建设。加强与东盟国家支付清算系统合作，加快人民币跨境支付清算系统的建设和推广。另一方面要建立互联互通的征信体系。探索建立试验区与东盟征信合作机制，推动试点地区与东盟国家之间统一的征信市场体系建设；探索开展试验区与东盟国家征信标准化合作，共同制定中国与东盟国家征信标准化准则，逐步实现中国与东盟国家征信系统之间的信息共享和信息交换。

6.进一步增强广西参与21世纪"海上丝绸之路"的科教文卫支撑能力

（1）科技领域。促进在科技研究、科技应用、科技开发、成果转让等方面的合作。利用自身的技术优势加强在各方共同感兴趣的农业生物技术，农业机械和生物能源应用技术、制糖、农产品加工、信息应用技术、环保技术领域的科技合作。共同促进各方有关行业的科技人员开展学术交流活动，鼓励各方高等院校、科研机构开展多种形式的科技交流活动。

（2）教育领域。参与泛北部湾区域内包括高等教育、中等教育、初等教育、成人教育等在内的各层次学生和教员交流计划，形成长效交流机制。创建泛北部湾远程教育网络，促进师资、教学、学校图书等教学资源的共享与开发利用。利用好南宁市高等院校和各类培训机构集中的优势，建立泛北部湾区域内的一些大学作为人力资源教育和培训机构，对中国与东盟国家的人才进行语言、各类专业技术等正规教育或培训，建设人才教育培训基地。

（3）文化领域。发挥广西与东盟国家人文合作优势，加强文化体育、影视出版、文化申遗等方面的交流与合作，推动建设一批经济效益高、社会影响大的人文合作项目。建设一批中国—东盟文化产业园区，打造《碧海丝路》等一批文化精品活动，搭建北部湾国家数字出版基地等一批文化交流平台。加强泛北部湾文化遗产申遗合作，推进海上丝绸之路和铜鼓习俗联合申报世界文化遗产，建设北海博物馆（海上丝绸之路博物馆），推进中越边境非物质文化遗产保护惠民富民示范带建设。

（4）卫生领域。设立东盟卫生部长委员会或者东南亚地区健康委员会（下辖理事会、相关职能委员会、秘书处等部门）。设立地区疫病研发专项基金，汇集优秀医学专家，共同研究、开发和储备新的防控技术，改变防治技术长期落后的困扰。开辟疫病研究的"绿色通道"，实现各国的实验室资源共享机制。按照普惠制原则，及时向有关国家提供力所能及的技术援助和技术转让，强化受援国疫病防控的自救能力等。

（5）扶贫减贫领域。建立适应东盟各发展中国家与中国减贫和社会发展实际需要的国际协作框架。建立中国—东盟社会发展与减贫论坛机制，每一年度确定一个主题，展开针对该主题领域的理论知识、研究方法、政策信息等方面的集中研讨。进行国别之间减贫与社会发展交流协作，并与国际组织建立合作网络，组织理论知识、政策传播、项目实施机制、贫困监控和减贫项目效果评估等方面的专项培训，加强东盟发展中国家与中国减贫的能力建设。建立协作机制并辅之以适当的引导政策，广泛动员社会力量参与扶贫，发挥其在减贫资源筹集、扶贫机制完善和发展项目资源利用监督与效果评估等领域的重要作用。

附　录

附录一　泛北部湾国家和地区概况

一、中国

【国名】

中华人民共和国（The People's Republic of China），简称中国。

【首都】

北京。2013年年末，常住人口2114.8万。

【地理】

中国位于亚洲东部，太平洋西岸。陆地面积约960万平方公里，东部和南部大陆海岸线1.8万多公里，内海和边海的水域面积约470万平方公里。海域分布有大小岛屿7600多个，其中台湾岛最大，面积35798平方公里。中国同14国接壤，与8国海上相邻。

【行政区划】

省级行政区划为4个直辖市，23个省，5个自治区，2个特别行政区。50个地区（州、盟），661个市。

【国民】

人　口　2012年年末全国总人口为135404万（不含香港、澳门两个特别行政区和台湾省人口），比上年年末增加669万人，其中城镇人口为71182万，占总人口比重为52.6%，比上年年末提高1.3个百分点。

民　族　共有56个民族，由于汉族以外的55个民族相对汉族人口较少，习惯上被称为"少数民族"。少数民族主要分布在西北、西南和东北等地区。

语　言　中国是一个多民族、多语言、多文种的国家，共有80种以上语言，约30种文字。国家的通用语言文字是普通话和规范汉字。

宗　教　主要有佛教、道教、伊斯兰教、天主教、基督教等。

节　日　中国重大的传统节日有春节、元宵节、清明节、端午节、中秋节等。此外，各少数民族也都保留着自己的传统节日，诸如傣族的泼水节、蒙古族的那达慕大会、彝族的火把节、瑶族的达努节、白族的三月街、壮族的歌圩、藏族的藏历年和望果节、苗族的跳花节等。

【经济】

简　况　2012年国内生产总值519322亿元，比上年增长7.8%。其中，第一产业增加值52377亿元，增长4.5%；第二产业增加值235319亿元，增长8.1%；第三产业增加值231626亿元，增长8.1%。第一产业增加值占国内生产总值的比重为10.1%，第二产业增加值占国内生产总值的比重为45.3%，第三产业增加值占国内生产总值的比重为44.6%。

产　业　第一产业包括农业、林业、畜牧业和渔业。2012年全年粮食种植面积11057万公顷，比上年增加70万公顷；全年粮食产量57121万吨，比上年增加2473万吨，增产4.5%。第二产业包括工业和建筑业。工业门类齐全，主要有采矿业，制造业，电力、燃气及水的生产和供应业，建筑业。第三产业包括交通运输、仓储和邮政业，信息传输、计算机服务和软件业，批发和零售业，住宿和餐饮业，金融业，房地产业，租赁和商务服务业，科学研究、技术服务和地质勘查业，水利、环境和公共设施管理业，居民服务和其他服务业，教育，卫生、社会保障和社会福利业，文化、体育和娱乐业等。

进出口贸易　2012全年货物进出口总额38667亿美元，比上年增长6.2%。其中，出口20489亿美元，增长7.9%；进口18178亿美元，增长4.3%。进出口差额（出口—进口）2311亿美元，比上年增加762亿美元。

外国投资　2012年1—12月，全国新批设立外商投资企业24925家，同比下降10.1%；实际使用外资金额1117.2亿美元，同比下降3.7%。12月当月，全国新批设立外商投资企业2422家，同比下降7.8%；实际使用外资金额117亿美元，同比下降4.5%（未含银行、证券、保险领域数据）。吸收外资的主要特点如下：

一是产业结构优化，服务业实际使用外资继续超过制造业。

二是美国、日本等部分发达国家对华投资增势良好。

三是中部地区吸收外资快速增长。1—12月，中部地区实际使用外资92.9亿美元，同比增长18.5%，占全国总额的8.3%。东部地区实际使用外资925.1亿美元。

【交通运输】

公　路　2012年中国公路通车总里程达到410万公里，全年新增公路通车里程8.7万公里，其中高速公路1.1万公里。2012年年末全国民用汽车保有量达到10578万辆（包括三轮汽车和低速货车1228万辆），比上年年末增长16.4%，其中私人汽车保有量7872万辆，增长20.4%。民用轿车保有量4962万辆，增长23.2%，其中私人轿车4322万辆，增长25.5%。

铁　路　2012年年底，全国铁路营业里程达到9.8万公里，居世界第二位；高铁运营里程达到9356公里，居世界第一位。2012年，全国铁路旅客发送量完成18.93亿人次，同比增长4.8%；在大宗货物运输需求大幅下降的情况下，货物发送量完成38.92亿吨。目前中国铁路完成的旅客周转量、货物发送量、货物周转量、换算周转量均居世界第一位。

水　运　沿海港口主要有大连港、营口港、锦州港、秦皇岛港、天津港、烟台港、青岛港、日照港、连云港、南通港、上海港、防城港、泉州港、广州港、镇江港、南京港、宁波港、温州港、福州港、厦门港、深圳港、汕头港、湛江港、钦州港、北海港。

2012年全年规模以上港口完成货物吞吐量90.7亿吨，比上年增长11.9%，其中外贸货物吞吐量27.5亿吨，增长10.8%。规模以上港口集装箱吞吐量16231万标准箱，增长11.4%。

空 运 机场有上海浦东国际机场、天津滨海国际机场、南昌向塘机场、郑州新郑机场、太原武宿机场、呼和浩特白塔机场、沈阳桃仙国际机场、大连周水子国际机场、长春大房身机场、哈尔滨阎家岗国际机场、齐齐哈尔三家子机场、佳木斯东郊机场、厦门高崎国际机场、福州长乐国际机场、杭州萧山国际机场、首都国际机场、上海虹桥国际机场、合肥骆岗机场、南京禄口国际机场、广州白云国际机场、深圳宝安国际机场、长沙黄花机场、海口美亚机场、武汉天河机场、济南遥墙机场、青岛流亭机场、南宁吴圩国际机场、三亚凤凰国际机场、重庆江北国际机场、成都双流国际机场、昆明巫家坝国际机场、桂林两江国际机场、西安咸阳国际机场、兰州中川机场、贵阳龙洞堡机场、拉萨贡嘎机场。

延 伸 阅 读

中马钦州产业园区

中马钦州产业园区位于中国广西北部湾畔的钦州市，处于中国西南经济圈、中南经济圈、粤港澳经济圈、东盟经济圈和泛北经济圈的结合部。毗邻的钦州港是天然深水良港，已开通至越南、新加坡、中国香港及中国北方各港口班轮航线，港口吞吐能力近亿吨。毗邻的钦州保税港区是中国西部地区唯一的沿海保税港区，具有整车进口口岸功能，也是中国距离东盟国家最近的保税港区。园区规划面积 55 平方公里，规划人口 50 万人，分三期建设，其中启动区 7.87 平方公里，分为工业区、科技研发区、配套服务区和生活居住区四大功能区。园区重点发展装备

□ 中马钦州产业园区

制造、电子信息、食品加工、材料与新材料、生物技术、现代服务业等六大产业。目前，一批项目已经入园落户，2014年起陆续建成投产。中马钦州产业园区着力建设先进制造基地、信息智慧走廊、文化生态新城、合作交流窗口。作为开放式园区，不仅服务中马两国企业，同时面向全球招商。

中马钦州产业园区的成立、建设、发展凝聚着中马两国领导人的高度重视和亲切关怀。早在2011年4月28日，中国与东盟建立对话关系20周年之际，时任中国国务院总理温家宝访问马来西亚，与马来西亚总理纳吉布达成双方共建中马钦州产业园区的共识。2012年3月26日，中国国务院正式批准设立中马钦州产业园区，明确园区为中马两国政府合作项目。同年4月1日，温家宝总理和纳吉布总理亲赴钦州，共同出席开园仪式并为园区奠基。

2013年10月4日，中国国家主席习近平在对马来西亚进行国事访问会见马来西亚总理纳吉布时明确提出："将钦州、关丹产业园区打造成两国投资合作旗舰项目，带动两国产业集群式发展"，并共同见证了钦州、关丹产业园区等多项合作协议的签署。2013年10月9日，中国国务院总理李克强出席第16次中国—东盟领导人会议会见纳吉布总理时指出："要建设好钦州、关丹产业园区。"

广州南沙新区

广州南沙新区水路距离香港38海里，距澳门41海里，与前海、横琴构成了"金三角"，其周边70公里范围内，有广州、深圳、珠海、香港、澳门等地的五大国际机场。南沙新区同时也是广州唯一的滨海区，且有华南地区最优良的深水港口。

2012年9月6日，国务院正式批复《广州南沙新区发展规划》，明确了南沙新区发展的战略定位、发展目标、重点工作、政策支持，标志着南沙新区成为国家级新区，南沙新区的开发建设上升到国家战略。

在定位方面，南沙明确要建成深化粤港澳全面合作的国家级新区。打造粤港澳优质生活圈、新型城市化典范、以生产性服务业为主导的现代产业基地，具有世界先进水平的综合性服务枢纽和社会管理服务创新试验区。

南沙新区的获批，也填补了华南地区无国家级新区的空白。南沙新区建设初步设想分三个阶段进行：起步阶段至2012年，基本完成南沙新区的行政管理架构配置，区划调整，规划和政策体系建立，国家级新区的架构基本形成；第二阶段到2015年，南沙新区大框架、大格局趋于完善，完成总体功能构建；再过 10 年，即到2025年，实现跨越式发展，一个全新的国家级新区，岭南生态水乡之都初步建成。

□ 广州南沙新区

二、文莱

【国名】

文莱达鲁萨兰国（Negara Brunei Darussalam），简称文莱。

【首都】

斯里巴加湾市（Bandar Seri Begawan），位于文莱—穆阿拉区，面积15.8平方公里，人口约6万。原称文莱市，从17世纪起即成为文莱首都，1970年10月4日改为现名。

【地理】

文莱位于加里曼丹岛西北部，北濒南海，东、南、西三面与马来西亚的沙捞越州接壤，并被沙捞越州的林梦分隔为不相连的东西两部分。面积5765平方公里。海岸线长约162公里，有33个岛屿，沿海为平原，内地多山地。属热带雨林气候，终年炎热多雨。年均气温28℃。

【行政区划】

分区、乡和村三级。全国划分为4个区：文莱—穆阿拉、马来奕、都东、淡布隆。区长和乡长由政府任命，村长由村民民主选举产生。

【国民】

人　口　截至2011年，文莱全国人口为393372人，较2001年增长18%，年均增长率为1.7%，其中男性203149人，女性190223人。全国人口中马来人共计258465人，华人40534人，其余94373人。人口分布方面，文莱摩拉区为最主要聚集区，共计279924人，马来奕区60744人，都东区43852人，淡布隆8852人。

民　族　主要民族有20个。马来人占总人口的66.4%。

语　言　马来语为国语，通用英语，华语主要在华人中使用。

宗　教　伊斯兰教为国教，其他还有佛教、基督教、道教等。

节　日　重要节日有独立日：1月1日。国庆日：2月23日。现任苏丹哈吉·哈桑纳尔·博尔基亚的生日：7月15日。开斋节是最盛大的节日，每年的日期根据伊斯兰教历均有变化。

【经济】

简　况　2008年1月，文莱政府宣布启动"文莱2035宏愿"，计划拨出95亿文元，大力发展旅游业，改善交通和通信基础设施，实现经济持续发展，争取使人均国民收入进入世界前十名。总预算54.2亿美元的文莱第十个国家发展规划（2012—2017年）在2012年完成预算8.3亿美元。其中，多元化发展项目得到高度重视，文莱专设人力资源发展基金约2.1亿美元，研发基金约1.7亿美元，中小企业发展基金约8300万美元，大力刺激非油气产业发展。

2012年，文莱国内生产总值（GDP）217.156亿文元（约合178亿美元），比2011年增长0.9%，较2010年的2.6%和2011年的2.2%呈现下滑态势。尽管如此，2012年文莱非油气产业实现加速增长，产值增加4%，连续第四年增速上升，其中农林渔业和服务业增长较快，推动文莱经济重心向非油气领域转移取得初步成效。2012年，文莱财政收入129.1亿文元，支出56.82亿文元。由于石油生产和出口下降，文莱2013年前9个月经济增长0.6%，低于2012年同期的1%。文莱私人消费和投资均有明显增长，文莱呈现温和经济增长。

石油和天然气开采业 文莱是东南亚主要产油国和世界主要液化天然气生产国。文莱已探明原油储量为14亿桶，天然气储量为3900亿立方米。石油和天然气的生产和出口是国民经济的支柱，约占国内生产总值的67%和出口总收入的96%。近年来，文莱侧重油气产品深度开发和港口扩建等基础设施建设，积极吸引外资，促进经济向多元化方向发展。

旅游业 旅游业是文莱近年来除油气业外大力发展的又一产业。文莱政府采取多项鼓励措施吸引海外游客赴文莱旅游，主要旅游景点有独具民族特色的水村、王室陈列馆、赛福鼎清真寺、杰鲁东公园等。2000年，文莱成为中国公民自费出国旅游目的地国。据文方统计，2010年赴文莱旅游的中国游客达22000人次，中国成为文莱第一大游客入境市场和仅次于马来西亚的第二大人员入境市场。2012年访文莱游客达24.1万人次，分别来自全球49个国家。旅游业2012年为国家带来3.7亿文元（约合3亿美元）收入，但仅占文莱GDP的1.8%。根据文莱2011—2015年旅游发展计划，未来文莱将保持27%的游客年增长率，到2016年接待游客数量将超40万人次，每年创造2.91亿美元产值，带动2250人次就业。

其他非油气产业 经过多年努力，文莱非油气产业占GDP的比重逐渐上升，特别是建筑业发展较快，成为仅次于油气工业的重要产业。服装业亦有较大发展，已成为继油气业之后的第二大出口收入来源。农业方面，文莱与中国及越南均有农业合作，建有农业产业园区。政府渔业发展政策包括港口设施现代化、设立新渔业设施、提升港口内外设施、提供奖励和培训等。文莱渔业自2001年来年平均增长28%。文莱目前国内50%的渔产品依赖进口，政府发展渔业目的之一即减少国家对进口渔产的依赖。

进出口贸易 主要出口原油、液化天然气、甲醇等，进口机器和运输设备、工业品、食品、化学品等。2010年主要贸易对象为日本、东盟国家、韩国、中国、澳大利亚等。建交初期，中文两国经贸合作进展缓慢。自2000年起，双边贸易额大幅上升。2008年4月、2011年4月，两国分别举行第一次和第二次经贸磋商。2010年中文贸易额10.3亿美元，增长142.8%，如期实现两国领导人确定的2010年10亿美元贸易额目标。中方从文莱进口的商品主要是原油，向文莱出口的商品主要为纺织品、机电设备、建材和塑料制品等。2011年双边贸易额13.11亿美元，同比增长27.1%，其中中国出口7.44亿美元，同比增长102.5%，进口5.67亿美元，同比下降14.7%。2012年中文双边贸易额达16.08亿美元，同比增长22.6%，较2009年翻两番，实现历史新高。中文贸易中，中国对文莱出口实现大幅增长，达12.52亿美元，涨幅达68.2%，中国自文莱进口受原油进口减少影响仅为3.55亿美元，同比下降37.3%。

外国投资　2011年吸引外资12.1亿美元，主要投资来源国依次为荷兰、日本和英国。截至2012年年底，文莱吸引外资存量为133亿美元。目前文莱政府一方面增加对基础设施和信息产业等的投入，鼓励中小型企业发展和增加私人投资，另一方面加大招商引资力度，吸引国际社会支持和参与文莱港口、工业园区建设规划等。文莱投资环境的竞争优势包括：政治稳定；市场化程度高；地理位置优越，辐射东盟东部地区，包括马来西亚、印度尼西亚、菲律宾等；政策透明度较高，贸易和投资风险较低。

目前中文两国在投资、承包劳务等方面合作成效显著。截至2012年年底，文莱累计对华实际投资24.2亿美元，中国累计在文莱非金融类直接投资存量6635万美元，2012年新增投资99万美元。2012年中国企业在文莱新签订承包劳务合同额765万美元，完成营业额6257万美元。

【交通运输】

公　路　2011年总长为3127.4公里。截至2009年4月，全国约有汽车32.59万辆。

水　运　水运是重要的运输方式。穆阿拉深水港是主要港口，此外还有斯里巴加湾市港、马来弈港、诗里亚港和卢穆港等，主要供出口石油和液化天然气使用。与新加坡、马来西亚、中国香港、泰国、菲律宾、印度尼西亚和中国台湾有定期货运航班。2008年共有各类注册船只339艘，各港口共装卸货物104.6万吨。

空　运　首都斯里巴加湾市有国际机场。文莱皇家航空公司有10架客机，开辟了26条国际航线。2012—2013年客运量110万人次，货运量2.08万吨。空运邮件量313.5吨（2008年）。

延 伸 阅 读

斯里巴加湾市

　　斯里巴加湾市（Bandar Seri Begawan），17世纪被定为首都。原称文莱市，1970年10月4日，现任苏丹为昭彰其父为该镇建设所做的贡献而改为现名。斯里巴加湾是其父的封号，斯里为"光荣、辉煌"之意，巴加湾意为"神圣"。首都面积15.8平方公里，人口5.63万。有93米长的商业码头，141米长的海军和政府船舶使用的泊位和40米长的旅客码头。

□ 斯里巴加湾

摩拉深水海港

　　摩拉深水海港，占地24公顷，码头长861米，泊位8个，吃水深12.5米，另有一个87米长的集料码头。港区有装卸设备、集装箱场地、冷冻设备和水泥密封库。此港停靠货船经常往来于东盟各国、香港等国家和地区。2010年港口货物装卸量为104.8万吨。

□ 摩拉

三、印度尼西亚

【国名】

印度尼西亚共和国（The Republic of Indonesia），简称印尼。

【首都】

雅加达（Jakarta），人口958.8万（2010年）。

【地理】

位于亚洲东南部，地跨赤道。与巴布亚新几内亚、东帝汶、马来西亚接壤；与泰国、新加坡、菲律宾、澳大利亚等国隔海相望。是世界上最大的群岛国家，由太平洋和印度洋之间的17504个大小岛屿组成，其中约6000个有人居住。陆地面积1904443平方公里，海洋面积3166163平方公里（不包括专属经济区）。海岸线长54716公里。热带雨林气候，年均气温25℃～27℃。

【行政区划】

共有一级行政区（省级）33个，包括雅加达、日惹、亚齐3个地方特区和30个省。二级行政区有349个县，91个市（2003年统计）。全国共有3844个乡，65852个村、镇。

【国民】

人　口　2.46亿（2012年），世界第四人口大国。

民　族　有100多个民族，其中爪哇族人口占45%，巽他族占14%，马都拉族占7.5%，马来族占7.5%，其他占26%。

语　言　民族语言共有200多种，官方语言为印尼语。通用英语。

宗　　教　约87%的人口信奉伊斯兰教，是世界上穆斯林人口最多的国家。6.1%的人口信奉基督教，3.6%信奉天主教，其余信奉印度教、佛教和原始拜物教等。

重要节日　伊斯兰教开斋节、宰牲节。5月20日：民族觉醒日（纪念1908年印尼民族运动组织"至善社"成立）。8月17日：独立日。

【经济】

简　　况　印尼是东盟最大的经济体。农业、工业、服务业均在国民经济中发挥重要作用。1950年至1965年国内生产总值年均增长仅2%。20世纪60年代后期调整经济结构，经济开始提速，1970年至1996年GDP年均增长6%，跻身中等收入国家。2008年以来，面对国际金融危机，印尼政府应对得当，经济仍保持较快增长。

2013年印尼国内生产总值达9084万亿印尼盾（约合7570亿美元），经济增长率为5.78%，为2009年以来最低增速，印尼盾汇率平均为1美元兑10425盾，低于预算修订案设定的1美元兑9600盾的指标，全年通货膨胀率达到8.38%。

资　　源　富含石油、天然气以及煤、锡、铝矾土、镍、铜、金、银等矿产资源。矿业在印尼经济中占有重要地位，产值占GDP的10%左右。据印尼官方统计，印尼石油储量97亿桶（13.1亿吨），天然气储量4.8万亿~5.1万亿立方米，煤炭已探明储量193亿吨，潜在储量可达900亿吨以上。2011年日产原油89.8万桶。

农渔林业　印尼全国耕地面积约8000万公顷。2011年稻谷产量为6539万吨，玉米产量为1802万吨，大豆产量为92.7万吨。盛产经济作物，2009年棕榈油、橡胶、咖啡、可可产量分别为2020万吨、260万吨、70.5万吨、75.8万吨。渔业资源丰富，政府估计潜在捕捞量超过800万吨/年，2008年实际捕捞量为520万吨。森林面积1.37亿公顷（20世纪50年代为1.62亿公顷），森林覆盖率超过60%。为保护林业资源，印尼宣布自2002年起禁止出口原木。2008年原木产量为806万立方米。

工　业　工业发展方向是强化外向型制造业。2010年制造业占GDP的比重为25.2%。主要部门有采矿、纺织、轻工业等。锡、煤、镍、金、银等矿产产量居世界前列。2009年产锡4.6万吨，煤2.08亿吨，镍580.2万吨，金127.7吨，银326.7吨；汽车产量46.5万台，摩托车产量588万台；纺织品出口额57.4亿美元；纸张出口额34亿美元。印尼政府已启动禁止原矿出口有关条例修订工作，并于2014年1月12日前颁布实施。自2014年1月印尼政府禁止原矿出口以来，包括中国企业在内的很多国内外矿业企业纷纷在印尼着手投资建设冶炼厂。

旅游业　印尼非油气行业中的第二大创汇行业，2013年印尼共吸引了880万人次的外国游客，实现超过100亿美元的外汇收入，同比增长10.23%。主要景点有巴厘岛、婆罗浮屠佛塔、"美丽的印度尼西亚"缩影公园、日惹苏丹王宫、多巴湖等。中国已成为印尼的第四大旅游客源国。2012年中国—印尼互访游客超过133万人次，中国到印尼的游客为71.4万人次，比2011年增长了23.3%。2013年到访印尼的中国游客达到80万人次，印尼计划在2016年吸引300万人次中国游客。

进出口贸易　外贸在印尼国民经济中占重要地位，政府采取一系列措施鼓励和推动非油气产品出口，简化出口手续，降低关税。2008年国际金融危机后，外贸总额有所下降。2010年以来外贸增长较快。2011年进出口总额3809亿美元，同比上升29.8%，贸易顺差260.61亿美元。2013年全年出口1826亿美元，同比下降3.92%，进口1866亿美元，同比下降2.64%，贸易逆差为40亿美元。其中，中国是印尼非油气商品的最大出口市场、最大进口来源国和最大贸易伙伴。2013年印尼向中国出口213亿美元，同比增长2%，其后依次为日本（161亿美元，–6.7%）、美国（151亿美元，3.4%）、印度（130亿美元，4.5%）、新加坡（104亿美元，–1.5%）、马来西亚（73亿美元，–14.2%）；印尼从中国进口296亿美元，同比增长2.1%，其后依次为日本（191亿美元，–16.1%）、泰国（106亿美元，–6.1%）、新加坡（102亿美元，–4.5%）、韩国（89亿美元，6.2%）、美国（88亿美元，–22.6%）。

主要出口产品有石油、天然气、纺织品和成衣、木材、藤制品、手工艺品、鞋、铜、煤、纸浆和纸制品、电器、棕榈油、橡胶等。主要进口产品有机械运输设备、化工产品、汽车及零配件、发电设备、钢铁、塑料及塑料制品、棉花等。主要贸易伙伴为日本、中国、新加坡、美国。

外国资本 外国资本对印尼经济发展有重要促进作用。印尼政府重视改善投资环境，吸引外资。1997年亚洲金融危机前每年吸引外资约300亿美元，亚洲金融危机后大幅下降。苏希洛政府重视改善投资环境，大力吸引外资。印尼政府和央行抓住欧美经济下滑和中国经济发展速度放缓的机会，正在加紧吸引外资来印尼，加大印尼基础设施工程建设。2009年、2010年、2011年和2012年实际利用外资额分别为100亿美元、163亿美元、173亿美元和230亿美元。主要投资来源国为新加坡、日本、美国、韩国。外资投向区域相对集中在爪哇岛，特别是西爪哇和雅加达特区。2012年中国对印度尼西亚直接投资流量13.61亿美元，直接投资存量30.98亿美元。

【交通运输】

铁 路 铁路设施相对落后，仅爪哇和苏门答腊两岛建有铁路。截至2009年年底，印尼全国铁路总里程6458公里，其中窄轨铁路5961公里。2009年完成客运发送量2.07亿人次，货运发送量1892万吨。

公 路 截至2012年年底，全国公路总里程43.78万公里，其中高速公路约1000公里。印尼将把高速公路建设列为重点工程之一。2007年年底，全国共有轿车886.5万辆，摩托车4193.5万辆，货车4846万辆，公交车210万辆。公路担负着国内近90%的客运和50%的货运。

水 运 印尼全国水运航道21579公里，共有各类港口670个，主要港口25个。河运、海运船只6600艘左右。2008年全国港口共完成国际货运量1.9亿吨，国内货运量4.1亿吨。

空 运 空运近十年发展迅速。截至2009年，全国共有各型号民用飞机737架。民用机场196个，其中29个国际机场，167个国内机场。雅加达苏加诺—哈达国际机场为最大机场。主要航空公司有鹰记、鸽记、狮航、曼达拉、辛巴迪等。2009年，国内航空公司共完成国内客运量3788.9万人次、货运量30万吨，国际客运量416.3万人次、货运量10万吨。印尼交通运输部计划在2030年之前新建14个机场。

延 伸 阅 读

雅加达

雅加达是印度尼西亚首都，东南亚第一大城市，世界著名的海港。位于爪哇岛西北部沿海，濒临雅加达湾。作为印度尼西亚的首都和最大的城市，雅加达的经济收入主要来源于金融业，占该市生产总值的28.7%，并拥有国内最大的金融和主要工商业机构。

□ 雅加达港

丹戎不碌港

丹戎不碌港是印度尼西亚首都雅加达外港，全国最大的货运港。在雅加达市东10公里处，滨爪哇海的雅加达湾。1887年建成人工港，可停泊吃水8~12米的船只，有许多船坞。公路、双轨铁路及

□ 丹戎不碌港

运河同市区连接。输出橡胶、咖啡、茶叶、金鸡纳霜和石油。现为加工出口区。雅加达国际集装箱码头（JICT）位于丹戎不碌，是印度尼西亚最大的集装箱港口。年吞吐量为250万标准箱。由印度尼西亚国家港口集团II（PT Pelabuhan II，49%）及和记黄埔港口集团（Hutchison Port Holdings，51%）合资共同建造。JICT是印度尼西亚的国家枢纽港，连接着雅加达和西爪哇的工业重地。通过其成熟的技术和设备的应用，JICT提供高效可靠的集装箱装卸服务，目前有超过20家航运公司提供直挂航线服务至世界各地，多达25个国家。

四、马来西亚

【国名】

马来西亚联邦（Union of Malaysia），简称马来西亚。

【首都】

吉隆坡（Kuala Lumpur），人口约167.4万（2011年）。

【地理】

面积330257平方公里。位于东南亚，国土被南海分隔成东、西两部分。西马位于马来半岛南部，北与泰国接壤，南与新加坡隔柔佛海峡相望，东临南海，西濒马六甲海峡。东马位于加里曼丹岛北部，与印度尼西亚、菲律宾、文莱相邻。全国海岸线总长4192公里。属热带雨林气候。内地山区年均气温22℃～28℃，沿海平原为25℃～30℃。

【行政区划】

全国分为13个州和3个联邦直辖区。13个州包括西马的柔佛、吉打、吉

兰丹、马六甲、森美兰、彭亨、槟城、霹雳、玻璃市、雪兰莪、登嘉楼和东马
的沙捞越、沙巴。首都吉隆坡、东马的纳闽联邦直辖区及联邦政府行政中
心——布特拉再也（Putrajaya）是3个联邦直辖区。马来西亚国土面积约33万
平方公里，其中西马13.2万平方公里，东马19.8万平方公里。13个州和3个
直辖区中面积最大的是沙捞越（12.4万平方公里），最小的是玻璃市（795平
方公里）。

【国民】

人　口　2933万（2012年）。

民　族　有32个民族。马来人约占62.2%，华人22.2%，印度人6.7%，其
他种族0.8%。

语　言　马来语为国语，通用英语，华语使用较广泛。

宗　教　伊斯兰教为国教，其他宗教有佛教、印度教和基督教等。

重要节日　全国各地大小节日约有上百个，政府规定的全国性节日有12个，
包括：国庆（又称独立日，8月31日）、元旦、开斋节、春节、哈芝节、屠妖节、
五一节、圣诞节、卫塞节、现任最高元首诞辰等。除少数节日日期固定外，其余
节日的具体日期由政府在前一年统一公布。

【经济】

简　况　20世纪70年代前，经济以农业为主，依赖初级产品出口。70年
代以来不断调整产业结构，大力推行出口导向型经济，电子业、制造业、建筑
业和服务业发展迅速。1987年起，经济连续10年保持8%以上的高速增长。
1991年提出"2020宏愿"的跨世纪发展战略，旨在2020年将马来西亚建成发
达国家。重视发展高科技，启动了"多媒体超级走廊"、"生物谷"等项目。
2010年公布了以"经济繁荣与社会公平"为主题的第十个五年计划，并出台
"新经济模式"，继续推进经济转型。2011年国内生产总值2320.5亿美元；国
内生产总值增长率5.1%，人均国内生产总值7962美元，外汇储备1336亿美
元，通货膨胀率3.2%。2012年国内生产总值3166亿美元，同比增长4.7%，

人均国内生产总值为10553美元，外汇储备1397亿美元，通货膨胀率为2.1%。

资　源　自然资源丰富。橡胶、棕油和胡椒的产量和出口量居世界前列。曾是世界产锡大国，近年来产量逐年减少。石油储量丰富，此外还有铁、金、钨、煤、铝土、锰等矿产。

工　业　政府鼓励以本国原料为主的加工工业，重点发展电子、汽车、钢铁、石油化工和纺织品等。2010年制造业销售额为8365亿林吉特，就业人数181.2万。

矿　业　以锡、石油和天然气开采为主，2010年矿业总产值估计为44.96亿林吉特。据马来西亚能源、供水及通信部统计，马来西亚原油储量为52.5亿桶，可供开采19年。天然气储量为24889.85亿立方米，可供开采33年。2012年日采原油58万桶，液化天然气出口2376.9万吨。

农牧渔林业　耕地面积约485万公顷。农业以经济作物为主，主要有油棕、橡胶、热带水果等。粮食自给率约为70%。2010年农业总产值为1046亿林吉特，占国民生产总值的7.3%，就业人口147.5万。

盛产热带林木。渔业以近海捕捞为主，近年来深海捕捞和养殖业有所发展。2010年鱼类捕捞量为143万吨。

旅游业　国家第三大经济支柱，第二大外汇收入来源。拥有饭店约1878家，饭店入住率约55.3%。主要旅游点有吉隆坡、云顶、槟城、马六甲、浮罗交怡岛、刁曼岛、热浪岛、邦咯岛等。据马来西亚旅游部统计，2008年赴马来西亚游客为2205万人次，2009年为2365万人次。2010年为2470万人次，收入583亿林吉特。2012年为2503万人次，收入606亿林吉特。游客主要来自新加坡、印度尼西亚、中国和泰国等国。

进出口贸易　现为世界第十八大贸易国。主要出口市场：美国、新加坡、欧盟、日本和中国。主要进口机械运输设备、食品、烟草和燃料等。中国是马来西亚最大贸易伙伴。2012年出口额7022亿林吉特，进口额6074亿林吉特。2013年中马贸易额首次突破1000亿美元大关，创历史新高。2013年，中国与马来西亚进出口总额达到1060.8亿美元，同比增长11.9%，其中，中国向马来西亚出口额为459.3亿美元，同比增长25.8%，中国自马来西亚进口额为601.4亿美元，同比增长3.1%。马来西亚成为除日本、韩国外第三个与中国贸易额超过1000亿美元的亚洲国家，并连续成为中国在东盟的第一大贸易伙伴，中马贸易额占中国与东盟贸易额的近1/4。

外国资本　主要外资来源地为日本、荷兰、澳大利亚、美国和新加坡。2009年吸引外国直接投资275.6亿林吉特，2010年马来西亚外资流入量为133亿林吉特。马来西亚2013年外来直接投资额仍创新高，达387.7亿林吉特，较2012年的311.2亿林吉特同比增长24%。截至2012年年底，吸引外资存量为1324亿美元。2012年中国对马来西亚直接投资流量1.99亿美元，中国企业在马来西亚新签承包工程合同72份，新签合同额36.15亿美元，完成营业额23.73亿美元。

【交通运输】

公　路　全国有良好的公路网，截至2011年，全国公路总长15.7万公里。每千人汽车拥有量为273辆。

铁　路　总长2418公里，年客运量540万人次。铁路主要干线贯穿马来半岛南北。2012年，运载旅客365.5万人次，货物614.2万吨。

水　运　内河运输不发达，海运80%以上依赖外航。共有各类船只1008艘，其中100吨位以上的注册商船508艘，注册总吨位175.5万吨；远洋船只50艘。共有19个港口。近年来大力发展远洋运输和港口建设，主要航运公司为马来西亚国际船务公司，主要港口有巴生、槟城、关丹、新山、古晋和纳闽等。根据《国际货柜杂志》统计，2010年马来西亚共有2个港口名列全球二十大港口，其中巴生港排名第十三位，丹绒柏勒巴斯港排名第十七位。马来西亚2010年港口货柜吞吐量达18407853个，比2009年的16040142个增加14.8%。马来西亚港口在本区域拥有一定的竞争力，港口所提供的服务和处理货柜的速度吸引国外航运业者选择将货柜停放在马来西亚港口。马来西亚目前有约2万名本地籍船员，拥有超过9500名外国船员和超过4700艘商务航运船，其中超过1000艘为国际贸易用途。若以吨位计算，约70%的商务航运涉足国际贸易。

空 运 民航主要由马来西亚航空公司和亚洲航空公司经营。马航有飞机 100余架，辟有航线116条。1996年11月，亚洲航空公司投入运营，亚航有飞机 175架，辟有航线83条。全国共有机场37个，其中有5个国际机场：吉隆坡、槟城、兰卡威、哥打基纳巴卢和古晋。2012年客运旅客6970万人次，货物88.9 万吨。

延 伸 阅 读

吉隆坡

　　吉隆坡是马来西亚首都和第一大城市，是马来西亚政治、经济、金融、商业和文化中心，是马来西亚最大的工业中心，也是全国交通和电信枢纽。许多联邦政府机构已迁往布城。吉隆坡是马来西亚三个直辖区之一，其地理位置在于雪兰莪州之中，马来西亚半岛中央偏西海岸。坐落于吉隆坡市中心的双峰塔是吉隆坡的著名地标。吉隆坡位于马来半岛心脏地带，为一座新旧辉映，东方色彩与西方文明有机融合的新兴大都市，既有现代都市的时尚气派，也不乏古色古香迷人风韵。

□ 吉隆坡

马六甲

　　马六甲是马来西亚最古老的城市，建于1403年，历史上与中国联系密切。郑和七下西洋，五次驻节马六甲。传统产业是农业和商业。近年来政府重视发展旅游业和工业。城西北郊13公里的海滨建有深水码头。马六甲海峡依旧是世界上最繁忙的水道之一。郊区亚沙汉山是马来西亚橡胶种植业的发源地。马六甲手工艺也很出名。

□ 马六甲

关　丹

关丹是马来西亚彭亨州的首府，也是西马东海岸最大的城市，位于关丹河口附近，面向南海。人口大约34万，其中约58%马来人、32%华人、4%印度人以及6%其他人种。城市面积达3.6万平方公里，它位于新加坡和哥打巴鲁之间。1955年8月27日，彭亨州政府首府从瓜拉立卑（Kuala Lipis）迁至此地。

关丹港是一个多功能、全天候海港，拥有复杂的器械来处理各种货物，包括集装箱、液体、干散货和杂货。1998年该港被私有化，它是马来半岛东海岸最重要的海港和物流中心。

□ 关丹

巴生港

巴生港位于马来西亚首都吉隆坡西南约40公里，马六甲海峡东北岸，东距邻国的新加坡港211海里，北距槟城港191海里，西距印度尼西亚的勿拉湾港237海里。地理位置优越，是远东至欧洲贸易航线的理想停靠港，因此在航运市场中具有明显的竞争优势。巴生港是马来西亚的最大港口，集装箱吞吐量达880万标准箱，巴生港口排名为世界第十三位。巴生港毗邻设有自由贸易区，其腹地广阔，产业发达，已发展成为区域性的配发中心。

□　巴生港

五、菲律宾

【国名】

菲律宾共和国（The Republic of the Philippines），简称菲律宾。

【首都】

大马尼拉市（Metro Manila），人口1186万（2010年5月）。年均气温28℃。

【地理】

面积29.97万平方公里，位于亚洲东南部。北隔巴士海峡与中国台湾遥遥相对，南和西南隔苏拉威西海、巴拉巴克海峡与印度尼西亚、马来西亚相望，西濒南海，东临太平洋。共有大小岛屿7000多个，其中吕宋岛、棉兰老岛、萨马岛等11个主要岛屿占全国总面积的96%。海岸线长约18533公里。属季风型热带雨林气候，高温多雨，湿度大，台风多。年均气温27℃，年降水量2000～3000毫米。

【行政区划】

全国划分为吕宋、维萨亚和棉兰老三大部分。全国设有首都地区、科迪勒拉行政区、棉兰老穆斯林自治区等17个地区，下设81个省和117个市。

【国民】

人　口　9770万（2013年）。

民　族　马来族占全国人口的85%以上，包括他加禄人、伊洛戈人、邦班牙人、维萨亚人和比科尔人等；少数民族及外来后裔有华人、阿拉伯人、印度人、西班牙人和美国人；还有为数不多的原住民。

语　言　有170多种语言。国语是以他加禄语为基础的菲律宾语，英语为官方语言。

宗　教　国民约85%信奉天主教，4.9%信奉伊斯兰教，少数人信奉独立教和基督教新教，华人多信奉佛教，原住民多信奉原始宗教。

重要节日　独立日（国庆）：6月12日；巴丹日（纪念二战阵亡战士）：4月9日；英雄节（纪念国父黎刹殉难）：12月30日；基督教主要节日（如圣诞节等）。

【经济】

简　况　出口导向型经济。第三产业在国民经济中地位突出，农业和制造业也占相当比重。2012年国内生产总值2503亿美元，同比增长6.6%，人均

GDP2710美元，通货膨胀率为3.2%。2013年菲律宾总国际储备从2012年的838.3亿美元下降为837.5亿美元，下降幅度为0.1%。

资　源　矿藏主要有铜、金、银、铁、铬、镍等20余种。铜蕴藏量约48亿吨、镍10.9亿吨、金1.36亿吨。地热资源丰富，预计有20.9亿桶原油标准能源。巴拉望岛西北部海域有石油储量约3.5亿桶。

工　业　2010年工业产值约为2.9万亿比索，同比增长15.2%。工业产值占GDP的31.3%。从业人口占总从业人口的15%。制造业占工业总产值的70.1%，建筑业占14%，矿产业占4.8%，电力及水气业占11.1%。

农林渔业　2012年农林渔业产值约为298亿美元，占GDP的11.89%。从业人口占总劳力的33%。森林面积1579万公顷，覆盖率达53%。有乌木、檀木等名贵木材。水产资源丰富，鱼类品种达2400多种，金枪鱼资源居世界前列。已开发的海水、淡水渔场面积2080平方公里。

服务业　2010年服务业产值约为4.96万亿比索，比上年增长12%，占GDP的54.8%，从业人口占总劳动力的54.8%。菲律宾在海外劳工超过800万人，2011年汇回国内204亿美元。2013年菲律宾海外劳工汇款预计达到225亿美元，同比增长5%。

旅游业　外汇收入重要来源之一。主要旅游点有百胜滩、蓝色港湾、碧瑶市、马荣火山、伊富高省原始梯田等。2011年菲律宾接待游客392万人次，比上年增长11%。2012年菲律宾接待游客427.28万人次，2013年共吸引外国游客468万人次，同比增长9.56%。韩国游客人数居各国之首，共117万人次，同比增长13.06%，其次为美国67.5万人次，日本43.4万人次以及中国42.6万人次。中国赴菲律宾游客较前一年大幅增长，增长率达到69.9%。外籍游客共为菲律宾带来44亿美元的旅游业收入，同比增长15.1%。

进出口贸易　与150个国家有贸易关系。2012年出口额519.94亿美元，进口额616.6亿美元。主要出口产品为电子产品、服装及相关产品、电解铜等；主要进口产品为电子产品、矿产、交通及工业设备；主要贸易伙伴有美国、日本和中国等。2013年菲律宾进口额617亿美元。2013年出口额540亿美元，同比增长3.6%，贸易逆差77亿美元，同比（97亿美元）下降。2012年，中菲双边贸易额达到363.7亿美元，同比增加12.8%。

近年来，菲律宾政府积极发展对外贸易，促进出口商品多样化和外贸市场多元化，进出口商品结构发生显著变化。非传统出口商品如成衣、电子产品、工艺品、家具、化肥等的出口额，已赶超矿产、原材料等传统商品出口额。

外国资本 外国对菲律宾直接投资主要来源地为日本、美国、英国、德国、韩国、马来西亚和中国香港，主要投资领域为制造业、服务业、房地产、金融中介、矿业、建筑业。2013年菲律宾吸引外商直接投资总额达到38.6亿美元，比上年的32亿美元增长了20%。增长的主要来源是在菲律宾的外资企业扩大投资。2012年中国对菲律宾直接投资流量7490万美元，中国企业在菲律宾新签承包工程合同63份，新签合同额10.18亿美元，完成营业额11.61亿美元。

世界银行研究显示，菲律宾对外国企业在关键领域的投资和股权限制是亚洲地区最严格的国家之一，这是阻碍菲律宾吸引外资的重要因素。相较马来西亚、越南、印度尼西亚、韩国、中国、日本、泰国和新加坡，菲律宾在允许外国资本在关键行业的合资公司中拥有股份的比例是最低的，如电信领域菲律宾规定外资只能拥有40%的股份。从2000年至2012年，菲律宾在吸收外商直接投资方面已经远远落后于东南亚邻国。这12年间，菲律宾年吸收外商直接投资额仅为15.5亿美元，而印度尼西亚为62亿美元，马来西亚为58.8亿美元，泰国为72.2亿美元，越南为45.4亿美元。

外国援助 外援主要来自日、美、西欧国家和国际金融组织。每年外国承诺给予菲律宾各项援助约20亿美元。

【交通运输】

以公路和海运为主。铁路不发达，集中在吕宋岛。航空运输主要由国家航空公司经营，全国各主要岛屿间都有航班。

铁 路 总长1200公里，主要集中于吕宋岛。铁路网以马尼拉为中心。

公 路 总长约20万公里，高速公路总长200多公里。客运量占全国运输总量的90%，货运量占全国运输货运量的65%。

水 运 航道总长3219公里。全国共有大小港口400多个，商船千余艘。主要港口为马尼拉、宿务、怡朗、三宝颜等。

空 运 机场247个。国内航线遍及40多个城市，与30多个国家签订了国际航运协定。主要机场有首都马尼拉的尼诺·阿基诺国际机场，宿务市的马克丹国际机场、达沃国际机场和苏比克国际机场等。

延 伸 阅 读

马尼拉

马尼拉是菲律宾共和国的首都，它地处菲律宾群岛中最大的岛屿——吕宋岛西岸，也称"小吕宋"，濒临天然的优良港湾——马尼拉湾。1976年11月，菲律宾政府决定把马尼拉、奎松、卡洛奥坎、帕萨伊4个市和玛卡蒂等13个区合并，组成大马尼拉市，面积达636平方公里。马尼拉现有人口约1186万，是亚洲最大的城市之一，也是全国最大的城市和政治、经济、文化、交通中心。

马尼拉还是菲律宾的重要交通枢纽和贸易港口，全国出口货物的1/3和进口货物的4/5集中在这里。马尼拉港年设计能力为150万个标准集装箱，但2012年却有183万个标准集装箱经马尼拉港装卸，已经大大超出其吞吐能力。马尼拉湾口距市区55.5公里，海湾长8.3公里，是一个天然良港。马尼拉港外建有很长的防波堤，防波堤里面是码头区，码头建于1834年，巴石河经此入海，把海港分成了南北两港。北港停泊近海轮船，南港停泊远洋海轮。戴尔潘桥、琼斯桥、麦克阿瑟桥、奎松桥和阿亚拉桥跨越巴石河，连接两港的地面交通。马尼拉港港阔水深，现代化设施齐备，是菲律宾进出口的要地和贸易中心。

□ 马尼拉港

宿务港

宿务历史上就是一个商业贸易中心，从13世纪起，以它为中心的中维萨亚地区就已经是东南亚的商业贸易中心。现在宿务仍是菲律宾第二大商业贸易城市。宿务的进出口贸易发展较快，但是总量较小。领区11个省的主要产业是农业、渔业、林木业、工业，但工业大都限于食品加工、水果加工、家具、旅游、矿业等。企业也以中小企业为主。

宿务港是菲律宾第二大港口，国内国际航线发达。港区主要码头泊位有20个，岸线长3303米，最大水深12米。国际码头年吞吐能力300万吨，并有年处理1万个标准集装箱的能力。宿务的麦丹机场每周平均有340个国内航班和30个国际航班。

□ 宿务港

六、新加坡

【国名】

新加坡共和国（The Republic of Singapore），简称新加坡。

【首都】

新加坡（Singapore）。

【地理】

面积714.3平方公里（2011年）。位于马来半岛南端、马六甲海峡出入口，北隔柔佛海峡与马来西亚相邻，南隔新加坡海峡与印度尼西亚相望。由新加坡岛及附近63个小岛组成，其中新加坡岛占全国面积的88.5%。地势低平，平均海拔15米，最高海拔163米，海岸线长193公里。属热带海洋性气候，常年高温潮湿多雨。年平均气温24℃～32℃，日平均气温26.8℃，年平均降水量2345毫米，年平均湿度84.3%。

【国民】

人　口　公民328.5万，永久居民53.3万，总人口531万（2012年）。

民　族　华人占75%左右，其余为马来人、印度人和其他种族。

语　言　马来语为国语，英语、华语、马来语、泰米尔语为官方语言，英语为行政用语。

宗　教　主要宗教为佛教、道教、伊斯兰教、基督教和印度教。

重要节日　华人新年：同中国春节。泰米尔新年：四五月间。卫塞节：5月的月圆日。国庆节：8月9日。开斋节：伊斯兰教历10月新月出现之时。圣诞节：12月25日。新加坡法定公共节日共计11天，除上述外，还有元旦、复活节、哈芝节、劳动节等。

【经济】

简　况　属外贸驱动型经济，以电子、石油化工、金融、航运、服务业为主，高度依赖美、日、欧和周边市场，外贸总额是国内生产总值的四倍。2011年，受欧债危机负面影响，经济增长放缓。

国内生产总值（2011年）：2381亿美元。

人均国内生产总值（2011年）：50123美元。

国内生产总值增长率（2011年）：4.9%。

货币：新加坡元（Singapore Dollar）。

对美元汇率（2011年平均）：1美元＝1.2579新加坡元。

通货膨胀率（2011年）：2.8%。

失业率（2011年）：2.2%。

2012年，国内生产总值2765亿美元，实际增幅1.3%。人均国内生产总值52051美元。外汇储备2534亿美元。通货膨胀率4.6%。失业率2%。

资　源　自然资源匮乏。

工　业　主要包括制造业和建筑业。2011年产值为924.4亿新元，占国内生产总值的25.1%。制造业产品主要包括电子产品、化学与化工产品、生物医药、精密机械、交通设备、石油产品、炼油等部门，是世界第三大炼油中心。

农　业　用于农业生产的土地占国土总面积的1%左右，产值占国民经济不到0.1%，主要由园艺种植、家禽饲养、水产养殖和蔬菜种植等构成。绝大部分粮食、蔬菜从马来西亚、中国、印度尼西亚和澳大利亚进口。

服务业　包括零售与批发贸易、饭店旅游、交通与电讯、金融服务、商业服务等，系经济增长的龙头。2011年产值为1564.4亿新元，占国内生产总值的57.6%。

旅游业　外汇主要来源之一。游客主要来自东盟国家、中国、澳大利亚、印度和日本。主要景点有圣淘沙岛、植物园、夜间动物园等。2012年接待外国游客1437万人次，同比增长9%。其中中国游客增幅达到25%。

进出口贸易　主要出口电子真空管、加工石油产品、办公及数据处理机零件、数据处理机和电讯设备等，进口电子真空管、原油、加工石油产品、办公及数据处理机零件等。主要贸易伙伴为马来西亚、欧盟、中国、印度尼西亚和美国。2013年新加坡对外贸易总额为9802亿新元（约合7779亿美元），比上年下跌0.5%，非石油国内出口下滑6%，除中国大陆和台湾地区以外，新加坡对其余出口市场的非石油国内出口均出现下滑。其中，对欧盟、韩国和马来西亚的出口跌幅最为明显。

新加坡是中国在东盟中第三大贸易伙伴，仅次于马来西亚和泰国。中国是新加坡第三大贸易伙伴（列马来西亚和欧盟之后）。2008年10月，中新签署自由贸易协定，2009年1月1日正式生效。2013年中国超过马来西亚，成为新加坡最大贸易伙伴，双边贸易额达到1152亿新元（约合914.3亿美元），比上年增长11%，占新加坡贸易总额的11.8%。

对外投资　推行"区域化经济发展战略"，大力向海外投资。截至2009年年底，对外直接投资总额达3399.8亿新元，主要集中在金融服务业和制造业。主要直接投资对象国为中国、英属维克京群岛、英国、马来西亚。

外国资本　截至2010年年底，新加坡共吸引海外直接投资6186亿新元，增长7.9%，多集中在金融服务业和制造业。主要直接投资来源国为美国、荷兰、日本、英国。

【交通运输】

交通发达，设施便利，是世界重要的转口港及联系亚、欧、非、大洋洲的航空中心。

铁　路　以地铁为主，设97站，全长146.5公里。另建有轻轨铁路，全长28.8公里，设34站，与地铁相连。

公　路　截至2011年年底，总长约3412公里，其中高速公路153公里，一级公路613公里。

水　运　新加坡港为世界最繁忙的港口和亚洲主要转口枢纽之一，是世界最大燃油供应港口。有200多条航线连接世界600多个港口。有4个集装箱处理码头，2011年港口处理货运总量5.31亿吨，集装箱总吞吐量3000万标准箱。2012年港口处理货

□ **新加坡港**

运总量5.4亿吨，集装箱总吞吐量3165万标准箱。2013年新加坡港集装箱吞吐量预计达3260万标准箱，比2012年增长2.9%，再创历史新高，在全球主要港口排名中，连续第三年名列第二位，位居上海港之后。2013年新加坡港停靠船只总吨数达23.3亿吨，比前年增长3.2%；货运吞吐量达5.575亿吨，同比增长3.6%；燃油销售量4250万吨，略跌0.4%，但仍为世界上燃油销售量最高的海港；截至2013年年底，在新加坡注册船只总吨位7360万吨，增长13.2%，在全球排名前十位。

空　运　主要有新加坡航空公司及其子公司胜安航空公司。新加坡樟宜机场连续多年被评为世界最佳机场。截至2012年年底，已开通至60个国家250个城市的航线，各国100多家航空公司平均每周提供6300多班次的定期飞行服务。2011年航班起降15.5万架次，客运量4650万人次，货运量181.6万吨。2012年客运量4993万人次，货运量181万吨。

延 伸 阅 读

裕廊工业区

裕廊工业区（Jurong Industrial Estate）位处新加坡岛西南部的海滨地带，距市区约10多公里，面积超过60平方公里。此地区原本为荒芜之地，大部分地貌是沼泽和丘陵，但是具有建设现代化工业区的良好自然地理条件。1961年新加坡政府计划在裕廊划定6480公顷土地发展工业园区，并拨出1亿新元进行基础建设。1968年园区内的厂房、港口、码头、铁路、公路、电力、

□　裕廊工业区

供水等各种基础设施建设基本完成，同年6月新加坡政府成立裕廊镇管理局（JTC），专门负责经营管理裕廊工业区和全国其他各工业区。

裕廊工业区以石化、修造船、工程机械、一般制造业、物流等为主导产业。截止到2003年年底，新加坡岛内已建立了30多个工业园区，共占地8025公顷，已开发5069公顷，包含了8000多家跨国公司和本地的高技术制造业公司，对GDP的直接贡献率为25%，雇佣了全国1/3以上的劳动力。

裕廊港位于新加坡岛西部、裕廊工业区南岸，是亚洲最大的散装货运港，是典型的产业港。裕廊港是依托裕廊工业园的产业发展壮大起来的，同时也带动了园区产业的发展，港口与产业相互协同、互相促进。园区内沿裕廊河两岸规划住宅区和各种生活设施，和园区内的港口、产业同步发展，兴建了学校、科学馆、商场、体育馆、银行、娱乐设施等，为园区内港区和产业提供综合服务业支撑，使裕廊工业园成为生产和生活的综合体。

七、泰国

【国名】

泰王国（The Kingdom of Thailand），简称泰国。

【首都】

曼谷（Bangkok），人口800万。

【地理】

面积513115平方公里。位于中南半岛中南部。与柬埔寨、老挝、缅甸、马来西亚接壤，东南临泰国湾（太平洋），西南濒安达曼海（印度洋）。热带季风气候。全年分为热、雨、凉三季。年均气温27℃。

【行政区划】

全国分中部、南部、东部、北部和东北部五个地区，共有77个府，府下设县、区、村。曼谷是唯一的府级直辖市。各府府尹为公务员，由内政部任命。曼谷市长由直选产生。

【国民】

人　口　6740万。

民　族　全国共有30多个民族。泰族为主要民族，占人口总数的40%，其余为老挝族、华族、马来族、高棉族，以及苗、瑶、桂、汶、克伦、掸、塞芒、沙盖等山地民族。

语　言　泰语为国语，官方语言为泰语和英语。

宗　教　94%的民众信仰佛教，马来族信奉伊斯兰教，还有少数民众信仰基督教、天主教、印度教和锡克教。

重要节日　宋干节（公历四月十三日至十五日），水灯节（泰历十二月十五日），国庆日（国王诞辰日，公历十二月五日）。

【经济】

简　况　实行自由经济政策。属外向型经济，依赖美、日、欧等外部市场。传统农业国，农产品是外汇收入的主要来源之一，是世界上稻谷和天然橡胶最大出口国。

2012年国内生产总值3656亿美元，比上年增长6.4%，人均GDP5383美元。2013年全年经济增幅为2.9%，比2012年的6.4%有较大下滑，通货膨胀率为2.2%，国家经常账目亏损约0.6%。

资　源　主要有钾盐、锡、褐煤、油页岩、天然气，还有锌、铅、钨、铁、锑、铬、重晶石、宝石和石油等。其中钾盐储量4367万吨，居世界第一，锡储量约120万吨，占世界总储量的12%。油页岩储量达187万吨，褐煤储量约20亿吨，天然气储量约16.4万亿立方英尺，石油储量1500万吨。森林总面积1440万公顷，覆盖率25%。

工　业　出口导向型工业。主要门类有采矿、纺织、电子、塑料、食品加工、玩具、汽车装配、建材、石油化工、软件、轮胎、家具等。工业在国内生产总值中的比重不断上升。2009年工业占GDP比重为39%。受洪灾影响，2011年工业生产指数负增长4.3%。2012年泰国制造业产值1228.6亿美元。2012年泰国汽车总产量为2453717辆，为51年来最高纪录，泰国跻身世界十大汽车生产国家行列。

农　业　传统经济产业，农业人口约1530万。全国可耕地面积约1.4亿莱（1莱＝1600平方米），占国土面积的41%。主要作物有稻米、玉米、木薯、橡胶、甘蔗、绿豆、麻、烟草、咖啡豆、棉花、棕油、椰子等。2009年农业占GDP的比重为8.9%。2011年农业产值增长3.2%。2012年泰国农业产值447.76亿美元。

渔　业　海域辽阔，拥有2705公里海岸线，泰国湾和安达曼湾是得天独厚的天然海洋渔场。此外，还有总面积1100多平方公里的淡水养殖场。曼谷、宋卡、普吉等地是重要的渔业中心和渔产品集散地。泰国是世界市场主要鱼类产品供应国之一，也是位于日本和中国之后的亚洲第三大海洋渔业国。全国从事渔业人口约50万。

旅游业　旅游业保持稳定发展势头，是外汇收入重要来源之一。主要旅游点有曼谷、普吉、清迈和芭提雅，清莱、华欣、苏梅岛等地近年来也越来越受到国内外游客的欢迎。2011年共有1910万人次的外国游客赴泰国旅游，同比增长19.9%。2012年入境泰国观光的中国大陆游客量达270万人次，2013年跳跃式增长到470万人次，占总入境量的68%，成为泰国最大的入境市场。

进出口贸易　对外贸易在国民经济中具有重要地位。2012年对外贸易额为4778.9亿美元，其中出口2284.1亿美元，进口2494.9亿美元，分别增长3.6%和8.8%。中国、东盟、日本、美国、欧盟等是泰国重要贸易伙伴。2013年泰国与中国创下了两项贸易新纪录：一是泰国对中国贸易逆差创下104.88亿美元的新纪录，强化了中国成为泰国今后主要进口来源地的作用；二是泰国与中国贸易总值高达649.65亿美元，占泰国贸易总值的13.6%，助推中国首度超越日本（占13.2%）成为泰国第一大贸易伙伴国，美国和马来西亚则分别占据第三和第四位。

主要出口产品：汽车及零配件、电脑及零配件、集成电路板、电器、初级塑料、化学制品、石化产品、珠宝首饰、成衣、鞋、橡胶、家具、加工海产品及罐头、大米、木薯等。主要进口产品：机电产品及零配件、工业机械、电子产品零配件、汽车零配件、建筑材料、原油、造纸机械、钢铁、集成电路板、化工产品、电脑设备及零配件、家用电器、珠宝金饰、金属制品、饲料、水果及蔬菜等。

外国投资　1961年开始实行开放的市场经济政策，采取一系列优惠政策鼓励外商赴泰投资。1987年至1990年为外国对泰投资高峰期。1997年受亚洲金融危机冲击，外国对泰投资大幅下降。泰国政府加大投入，加强基础设施建设，完善立法，创造良好环境吸引外资。据不完全统计，2011年外国对泰国直接投资54.11亿美元。2012年，泰国吸引外资存量为1591.2亿美元。2012年中国对泰国直接投资流量4.79亿美元，对泰国直接投资存量为21.27亿美元。

对外投资　主要对美国、东盟、中国大陆及台湾投资。泰国在中国大陆的投资近年有较大发展。据不完全统计，截至2011年年底，泰来华投资项目4062个，实际投入33.9亿美元。在华投资的公司主要有正大集团、盘谷银行等。

【交通运输】

铁　路　窄轨，总长4451公里，全国共47府通铁路。

公　路　公路里程共16万公里。各府、县都有公路相连，四通八达。2008年全国注册机动车2631万辆。

水　运　湄公河和湄南河为泰国两大水路运输干线。全国共有47个港口，其中海湾26个，国际港口21个。曼谷是最重要的港口，承担全国95%的出口和几乎全部进口商品的吞吐。重要码头包括廉差邦港、宋卡深水港和普吉深水港等。海运线可达中、日、美、欧和新加坡。

港 口 目前泰国已有122个港口码头，包括8个国际深水港，分别位于曼谷，东海岸的廉差邦和马达朴以及南海岸的宋卡、沙敦、陶公、普吉和拉农等府，年吞吐量超过450万标准箱。此外，从北部清莱府的清盛港和清孔港，通过湄公河—澜沧江国际航运水道可直达中国云南的景洪港和关累港。交通部下属的泰国港务局（PAT）负责泰国主要港口的规划、建设、开发和经营管理。

空 运 全国共有38个机场，其中国际机场8个。曼谷素万那普国际机场投入使用后，取代原先的廊曼国际机场，成为东南亚地区重要的空中交通枢纽。共53个国家80家航空公司设有赴泰固定航线，89条国际航线可达欧、美、亚及大洋洲40多个城市，国内航线遍布全国21个大、中城市。

延 伸 阅 读

曼 谷

曼谷地处中部平原，位于湄南河下游，北边濒临着暖武里府和巴吞他尼府，东侧濒临着北柳府，南临北榄府和泰国湾，西部与龙仔厝府和佛统府相近，距泰国湾3公里，离入海口15公里，平均海拔为2～3米。全市面积为1568.74平方公里，下设50个区。人口686.7万（2012年）。曼谷气候炎热，最高气温高达40.8℃，年平均气温在30℃左右。曼谷是泰国最大城市和政治、经济、金融、贸易、科技、教育、文化和交通中心，也是举世闻名的旅游城市，拥有"天使之城"的美誉。

□ 曼谷

八、越南

【国名】

越南社会主义共和国（The Socialist Republic of Viet Nam），简称越南。

【首都】

河内（Ha Noi）。2010年面积扩至3344.6平方公里，人口656.19万。

【地理】

面积329556平方公里。位于中南半岛东部，北与中国接壤，西与老挝、柬埔寨交界。海岸线长3260多公里。地处北回归线以南，属热带季风气候，高温多雨。年平均气温24℃左右。年平均降雨量为1500～2000毫米。北方分春、夏、秋、冬四季。南方雨旱两季分明，大部分地区5—10月为雨季，11月至次年4月为旱季。

【行政区划】

全国有64个省市，其中直辖市有5个：河内、胡志明、海防、岘港、芹苴。

【国民】

人　口　8878万（2012年）。

民　族　有54个民族，京族占总人口的86%，岱依族、傣族、芒族、华族、侬族人口均超过50万。

语　言　主要语言为越南语（官方语言、通用语言、主要民族语言均为越南语）。

宗　教　主要宗教：佛教、天主教、和好教与高台教。

重要节日　越南共产党成立日：2月3日（1930年）。越南国庆日：9月2日（1945年）。越南南方解放日：4月30日（1975年）。胡志明诞辰日：5月19日（1890年）。

【经济】

简　况　2012年越南GDP1284.66亿美元，比上年增长5.03%，人均GDP1455美元。外汇储备约200亿美元。2013年GDP同比增长5.42%，2013年GDP增长虽低于预期目标（5.5%），但高于2012年。

资　源　越南矿产资源丰富，种类多样。主要有煤、铁、钛、锰、铬、铝、锡、磷等，其中煤、铁、铝储量较大。有6845种海洋生物，其中鱼类2000种，蟹类300种，贝类300种，虾类75种。森林面积约1000万公顷。

工　业　2012年，工业和建筑业占国民经济的40.65%。2012年，越南工业生产指数增长5.9%。主要工业产品有煤炭、原油、天然气、液化气、水产品等。

农林渔业　越南是传统农业国，农业人口约占总人口的75%。耕地及林地占总面积的60%。粮食作物包括稻米、玉米、马铃薯、番薯和木薯等，经济作物主要有咖啡、橡胶、胡椒、茶叶、花生、甘蔗等。2012年越南农林渔业总产值275亿美元，增长3.4%。2012年，农业占国民经济的21.65%。

服务业　近年越南服务业保持较快增长，2012年服务业产值增长16.1%，服务业占国民经济的37.7%。

旅游业　越南旅游资源丰富，下龙湾等多处风景名胜被联合国教科文组织列为世界自然和文化遗产。主要旅游景点有河内市的还剑湖、胡志明陵墓、文庙、巴亭广场，胡志明市的统一宫、芽龙港口、莲潭公园、古芝地道和广宁省的下龙湾等。

近年来旅游业增长迅速，经济效益显著。2013年，越南接待国际旅客约757万人次，同比增长10.6%。其中，以休闲旅游目的入境的旅客约464万人次，增长12.2%。从航空入境的旅客约598万人次，增长7.2%；从陆路入境139.9万人次，增长41.9%；从海上入境19.3万人次，减少32.3%。其中，来自中国的旅客最多，约190万人次，增长33.5%；其次是韩国，约74.8万人次，增长6.8%；日本60.4万人次，增长4.8%。

进出口贸易　越南和世界上150多个国家和地区有贸易关系。越南主要贸易对象为中国、美国、欧盟、东盟、日本、韩国。主要出口商品有原油、服装纺织品、水产品、鞋类、大米、木材、电子产品、咖啡。主要出口市场为美国、欧盟、东盟、日本、中国。主要进口商品有汽车、机械设备及零件、成品油、钢材、纺织原料、电子产品和零件。主要进口市场为中国、东盟、韩国、日本、欧盟、美国。2013年越南与亚洲贸易额为1610亿美元，同比增长15%，占越南进出口总额的67%。越南与欧洲贸易额为359亿美元，增长16.6%；与美洲为341亿美元，增长18.2%；与大洋洲为53.4亿美元，增长3.6%；与非洲为39.7亿美元，增长21%。其中，越南对欧洲、美洲出口增长最多，分别增长21.8%和21.7%。除大洋洲外，越南自其他市场进口均有增长。

近年来越南对外贸易保持高速增长，对拉动经济发展起到了重要作用。2012年货物进出口贸易总额为2289亿美元，20年来首次实现贸易顺差，其中出口1146亿美元，进口1143亿美元。2013年越南出口额达1321.35亿美元，同比增长15.4%；2013年越南货物贸易进口约1313亿美元，同比增长15.4%。2013年越南实现贸易顺差8.63亿美元，占出口总额的0.7%。按出口额大小排序，手机及零配件出口额达210亿美元；电脑、电子产品及零配件达110亿美元；纺织品180亿美元；原油72亿美元；水产品67亿美元；木材和木制品56亿美元。按进口额大小排序，电脑、电子产品及零配件进口额177亿美元；布料84亿美元；汽油70亿美元；钢铁67亿美元。

外国资本　外资的进入对越南引进先进生产技术和管理经验，推动经济增长，解决就业起到了重要作用。2011年外国新增在越南投资协议金额147亿美元，比上年减少26%。实际到位110亿美元，与上年持平。对越总投资排名前五位的国家和地区依次是中国内地、日本、新加坡、韩国和中国香港。韩国取代日本，成为2013年越南最大的外商直接投资来源地。其中，2013年韩国投资37.5亿美元，占越南新批准外资总额的26.3%；其次是新加坡，投资30亿美元，占21.1%；中国投资22.7亿美元，占16%；日本投资12.9亿美元，占9.1%；俄罗斯投资10.2亿美元，占7.2%。

2013年越南吸收外资合同总额约216亿美元，同比增长54.5%。其中，新增投资项目1257个，增长0.7%，合同金额143亿美元，增长70.5%；472个项目增资73亿美元，增长30.8%。2013年外资到位金额约115亿美元，同比增长9.9%。太原省成为全国吸引外资最多的地区，2013年该省吸收外资33亿美元，占外资总额的23.7%。其次是平阳省，吸收外资20亿美元，占14.2%，海防市18亿美元，占12.9%，平定省10亿美元，占7.1%，胡志明市9.49亿美元，占6.6%。

外国援助 1993年国际社会恢复对越南的援助，2011年越南获得的官方发展援助（ODA）约79亿美元。

对外投资 目前越南对外投资项目约742个，合同金额155亿美元。目前越南对老挝的投资规模最大，投资项目227个，占越南对外投资项目总数的30.6%，投资总额42亿美元，占27.1%。2013年越南对外投资企业汇回国内利润达4.3亿美元，占越南对外投资总额的11.3%。

【交通运输】

近年来，越南交通运输业经过重组，提高服务质量，取得了较好的经济效益。2011年客运量为28.45亿人次，比上年增长14.6%，货运量8.069亿吨，比上年增长12.1%。

铁 路 以米轨为主。网络包括6条干线和一些支线，总长3220公里，干线全长2700公里。有410个机车头，其中150多个是蒸汽机车头。2012年客运量1221.6万人次，货运量703.5万吨。

公 路 总长22万多公里，在建和拟建的高速公路40多条线，全长6313公里。另有1.51万公里国道，3.62万公里省道，其余是连接各县乡的公路。汽车总数7万辆，货车8.8万辆，客车6.1万辆。2012年共运送旅客28.62亿人次，增长12.2%，货运量9.4亿吨，增长9.5%。

水 运 内河运输：水路总长1.1万公里，内河水运有854艘拖船、28470艘货船、1355艘驳船，运输能力约163万吨。2012年内河客运量1.838亿人次，货运量1.55亿吨。海运：有610艘货船、6艘驳船，运输能力84万吨。交通部直接管辖的八大港口为广宁、海防、炉门、归仁、义安、芽庄、岘港和西贡港。全国海港设计吞吐能力约4亿吨，2012年实际吞吐量约2.4亿吨。

空 运 全国共有大小机场90个，其中17个为民用机场。国际机场：内排国际机场（河内市）、岘港国际机场（岘港市）和新山一国际机场（胡志明市）、吉碑国际机场（海防市）、金兰国际机场（庆和省）、莲姜国际机场（林同省）、富牌国际机场（顺化市）。原用客机大多为苏联制造，近几年通过向西方公司购买和租用，正逐步由欧美机型所取代。现拥有74架飞机。2012年客运量为1349.8万人次，货运量17.8万吨。

延 伸 阅 读

河内市

河内市位于红河平原中部，是越南首都，全国政治、文化和科技中心。河内原名大罗，又称升龙，1831年更名河内。1976年南北统一后成为全国首都。河内市面积921.8平方公里，行政区包括2个市（河东市、山西市），9个郡（巴亭、还剑、二征夫人、栋多、西湖、青春、纸桥、龙边、黄梅）和18个县。夏季平均气温28.9℃，冬季平均气温18.9℃。

河内是越南主要的旅游城市，市内湖泊星罗棋布，终年树木常青，鲜花盛开，风光秀丽，有"万花春城"之称。河内的名胜古迹居全国之冠。著名的游览胜地有胡志明陵、巴亭广场、主席府、胡志明故居、还剑湖、西湖、独柱寺、文庙、医庙、玉山寺、镇武观、镇国寺、金莲寺等。

□ 河内市

胡志明市

胡志明市是越南最大的港口城市和经济中心，由原西贡、堤岸、嘉定三市组成，位于湄公河三角洲东北，西贡河右岸，距出海口80公里。面积2090平方公里，人口500多万。胡志明市的民族主要有京、华、占婆、高棉族等。其中华人人口60多万，主要居住在第五、六、十和十一郡。市内第五郡（原堤岸市）是华人聚居的地区。市区主要建筑有统一宫（原总统府）、天后庙、圣母大教堂等。胡市气候终年炎热，温差不大。1月份最冷，月平均气温25℃；4月份最热，月平均气温29℃。

□ 胡志明市

九、广西北部湾经济区概况

【基本情况】

广西北部湾经济区成立于2006年3月，由南宁、北海、钦州、防城港4个地级市组成（同时将玉林、崇左两市的交通、物流纳入经济区统筹规划建设，简称"4+2"），面积4.25万平方公里，占广西总面积的18%，总人口1256万（2010年末数），占广西总人口的26.1%；2012年生产总值4316.36亿元，占广西生产总值的33.12%。其中，南宁市面积22189平方公里，人口638万（2010年年末数），2012年生产总值2503.55亿元；北海市面积3337平方公里，人口162万（2010年年末数），2012年生产总值630.8亿元；防城港市面积6300平方公里，人口86万（2010年年末数），2012年生产总值457.53亿元；钦州市面积10800平方公里，人口379万（2010年年末数），2012年生产总值724.48亿元。

北部湾沿海在我国对外交往与对外贸易的历史上发挥着重要作用。西汉时期的合浦（现为北海市属县）是海上丝绸之路的始发港。100多年前，北海被开辟为通商口岸。80多年前，孙中山先生在《建国方略》中提出要在钦州建立南方第二大港。改革开放以来，广西北部湾沿海的开发建设进入了新时期。1984年，北海（含防城港）获得国务院批准列为全国沿海14个开放城市之一。1992年中央下发6号文件，要求发挥广西作为西南地区出海大通道的作用。进入21世纪，北部湾迎来了前所未有的发展机遇，广西壮族自治区党委、政府从广西经济社会发展全局的要求出发，总结北部湾沿海地区的发展历程，借鉴东部沿海发达地区的发展经验，于2006年3月做出了加快广西北部湾经济区开放开发的重大战略决策，把广西沿海地区作为一个经济区来统筹加快发展。2008年1月16日，国务院批准实施《广西北部湾经济区发展规划》，北部湾经济区纳入国家总体发展战略。

【区位与资源优势】

广西北部湾经济区位于中国大陆海岸线的最南端，地处我国华南经济圈、西南经济圈和东盟经济圈的结合部，沿海、沿边、沿江，是我国西南地区唯一既沿海又沿边的地区，是最便捷的西南出海大通道，也是我国唯一与东盟海陆相连的经济区，是中国与东盟合作的前沿地带和重要门户。

广西北部湾经济区有1629公里海岸线，规划港口岸线267公里，目前开发不到10%。还拥有丰富的海洋、矿产、旅游、淡水、农林等资源，是我国适宜布局现代化港口群、重化产业群的重要区域。

【政策优势】

广西北部湾经济区有国家西部大开发、沿海开放、少数民族自治、边境地区开放等政策和《广西北部湾经济区发展规划》明确的一系列政策。广西壮族自治区政府也专门出台包括税收、土地、财政、金融等多方面的优惠政策。多重优惠政策叠加在我国少见，是我国目前政策最优惠的地区之一。

【产业发展】

一批重点项目相继建成投产，一批东西部产业转移项目纷纷进驻，逐步形成石化、电子信息、林浆纸一体化、冶金、新材料、轻纺、机械装备制造、磷化、保税物流等为特色的产业体系。重点规划建设14个重点产业园区，规划总面积698平方公里，已开发面积超200平方公里。2012年年底，完成工业产值3324亿元。有10个园区工业产值或贸易额超过100亿元，成为北部湾经济区增长最快、发展潜力最大的经济增长亮点。

【港口建设】

经过多年的发展，广西北部湾港已建成泊位234个，万吨级以上63个，拥有集装箱班轮航线30多条，每周50多个班次，与世界100多个国家和地区200多个港口通航，海运物流网络已伸向全球。2012年完成货物吞吐量1.74亿吨，其中集装箱82.43万标准箱。

【保税物流体系建设】

北部湾经济区保税物流体系基本建成，服务华南、西南、中南，面向东南亚的北部湾供应链日渐成型。钦州保税港区、凭祥综合保税区、南宁保税物流中心等相继建成并全部投入运营，北海出口加工区扩建B区也获得国务院正式批准。一批现代物流园区已经建成。

钦州保税港区　2008年5月26日，国务院正式批准设立钦州保税港区，这是全国第六个保税港区，也是我国中西部地区唯一的保税港区。钦州保税港区选址于钦州港金光工业园内，规划面积10平方公里，主要布局码头作业区、保税物流区、保税港区码头加工区和管理服务区4个功能区，深水岸线约4.6公里，规划建设集装箱泊位10个。钦州保税港区的发展目标：立足北部湾，服务大西南，面向东南亚，力争成为运行高效、功能完善、开放度高的亚太地区重要的国际物流枢纽和资源配置枢纽。钦州保税港区是我国西部沿海唯一的保税港区，是中国距东盟最近的保税港区，中国大陆唯一具备整车进口口岸功能的保税港区。

南宁保税物流中心　2010年1月7日中国西南地区最大的"无水港"南宁保税物流中心正式揭牌，2009年12月22日南宁保税物流中心通过国家联合验收组的正式验收。截至目前，确定进驻南宁保税物流中心的企业已达15家。南宁保税物流中心建设项目包括总建筑面积为33696平方米的综合大楼、主卡口、查验区、保税仓库与堆场、围网及巡逻道、电子信息平台、围网视频监控及报警系统。南宁保税物流中心建成后，将依托南宁及区内外大型产业基地的保税物流服务需求，建设"无水港"口岸港区，成为延伸沿海港口功能，联系西南地区和东南亚地区间的广西北部湾经济区保税物流体系的核心枢纽和连接海港、空港和边境口岸的大型物流商贸基地。

凭祥边境综合保税区　2008年12月，国务院正式批准设立广西凭祥综合保税区。这是我国继苏州工业园综合保税区、天津滨海新区综合保税区、北京天竺综合保税区和海口综合保税区之后的第五个综合保税区，也是中国第一个在陆地边境线上设立的综合保税区。一期工程已于2011年6月18日通过国务院联合验收组验收，2011年9月30日正式封关运营，是服务于中国—东盟自由贸易区贸易往来，集口岸、国际贸易、保税物流、保税加工、国际配送等功能于一体的国际经济合作区域。

中国—东盟商品交易中心 中国—东盟商品交易中心已在南宁华南城正式启动。总建筑面积达488万平方米，集交易、展示、电子商务、信息交流、仓储、配送、货运及金融结算等功能于一体，将向东盟十国推出每国5000平方米、5年免租金的优惠条件，同时为中国商家入驻华南城提供采购中国、行销东盟、通过东盟行销世界的展贸平台。

【管理机构】

广西北部湾经济区规划建设管理委员会办公室 广西北部湾经济区规划建设管理委员会办公室是广西壮族自治区人民政府的派出机构，正厅级单位，成立于2006年4月，下设综合处、规划处、项目管理处、路港管理处、政策研究与宣传处和国际合作处等。主要职责为统筹组织制定经济区经济社会发展总体规划和重大产业发展、城镇群建设及土地利用等规划。组织制定港、路、水、电等重大基础设施发展规划，组织和管理重大基础设施和重大产业项目的建设。授权负责管理和整合港口、铁路等重要资源和国有资源，组建和管理港口、铁路建设和经营公司，促进经济区路港一体化发展。统筹管理经济区岸线资源的开发利用，负责组织审定利用岸线资源的重大建设项目。组织经济区建设的宣传推介工作。筹集、管理和安排使用经济区建设发展专项资金。研究提出加快经济区开发建设的政策措施。自治区人民政府赋予的其他职责。

【研究机构】

广西北部湾发展研究院 广西北部湾发展研究院是2009年经自治区编办批准，由广西北部湾经济区规划建设管理委员会办公室和广西社会科学院共同组建的一个研究机构，并在广西社会科学院加挂牌子。其人员主要由广西社会科学院的科研人员、自治区北部湾办和区直相关部门的专业人士组成。下设广西北部湾发展研究院理事会、院务会和学术委员会及办公室、北部湾经济发展研究所、泛北部湾经济合作研究所和国际交流部。研究方向主要有广西经济、社会、文化和民族发展的重大战略问题，北部湾经济区开放开发，中国—东盟政治、经济、文化及泛北部湾区域合作，中国—东盟自由贸易区，中国南宁—新加坡经济走廊等领域；是中国—东盟合作发展、泛北经济合作、北部湾经济区开放开发的重要研究基地；是"泛北部湾经济合作论坛"和"中国—东盟智库对话论坛"、"中国—东盟智库峰会"的承办单位之一。2012年，获得广西"泛北部湾合作发展八桂学者"设岗岗位，聘用"八桂学者"一人。设岗后，围绕自治区党委和政府工作重心，开展以泛北合作为重点的重大战略研究，获得丰硕的科研成果，先后承担与设岗岗位相关的国家社科基金项目2项、国家软科学项目1项、广西社科规划课题3项、广西重大招投标课题2项。连续出版与设岗岗位相关的《广西北部湾经济区开放开发报告》、《泛北部湾经济合作发展报告》、《中国—东盟年鉴》、《越南国情报告》等系列蓝皮书。完成的各类研究成果多次获广西自治区领导批示。团队成员中有政府特殊津贴专家、广西新世纪十百千人才第二层次人选，科研成果获得过广西社科优秀成果奖一、二、三等奖、广西决策咨询奖。

延 伸 阅 读

广西北部湾经济区的主要城市

南　宁　南宁市简称"邕"，是一座具有1680多年历史的城市和百年商埠，现为广西壮族自治区首府。曾先后被评为国家园林城市、全国科技进步先进城市、全国生态环境建设十佳城市，曾获得全国文明城市和联合国人居奖。2012年，全市产值亿元企业达到493家，比上年增加90家。其中，超50亿元企业3家，超10亿元企业达到27家。在亿元企业的强劲拉动下，全市工业总量不断扩大，规模以上工业增加值增速位居27个省会城市、11个西部城市、5个自治区首府城市前列，工业效益增速全区第一。目前，南宁工业经济突出科技进步和信息化的推动作用，高新技术应用广泛，形成以制糖、造纸、机械、化工、建材为主导的工业体系；富士康、南南铝、娃哈哈、康师傅、美国亚马逊公司"电子商务南宁运营中心"等，已有越来越多的世界及中国五百强企业落户南宁。第三产业发展势头强劲，已形成以商贸、餐饮、房地产等为支柱，金融、通信、旅游、会展、仓储、服务等为新支撑点的服务体系。

☐ 南宁：南湖风光

北 海 北海市是1984年国务院批准的全国14个沿海开放城市之一，地处广西最南端，距离首府南宁约200公里，气候宜人，空气清新，被誉为"中国最适宜人类居住的城市"之一。先后获批为国家历史文化名城、国家园林城市。2012年北海地区生产总值630.78亿元，增长了20%；财政收入100.09亿元，增长73.9%，成为全区第五个财政收入过百亿元的城市；规模以上工业总产值突破千亿元大关，达到1020.89亿元。目前，北海正全力打造电子信息、石油化工、临港新材料三大千亿元产业，北海工业园区、出口加工区产值相继超百亿元，铁山港（临海）工业区跃居广西北部湾经济区14个重点产业园区第三位。

☐ 北海：老街景致

钦　州　钦州市位于广西南部，居于北部湾沿海地区南（宁）北（海）钦（州）防（城港）的中心位置，区位优势明显。2012年实现地区生产总值724.5亿元，增长12%；财政收入139.2亿元，增长13.1%；规模以

□ 钦州：保税港区

上工业总产值突破千亿元，达到1093亿元，增长16.4%；海洋经济总产值突破200亿元，增长13.6%。目前，钦州在大力实施"千百亿产业崛起工程"，全力打造石化、装备制造两大产值超千亿元产业，以及造纸、电子、能源、粮油、冶金、物流等六大产值超百亿元产业，构建"2+6"产业体系。2012年，中马钦州产业园区、钦州保税港区、整车进口口岸、国家级台湾农民创业园等一批国家级平台和中石油1000万吨炼油、2000万方原油储备，金桂浆纸业100万吨造纸，中粮310万吨粮油加工，国投320万千瓦发电等一批北部湾标志性重大产业项目已开工或投产。

防城港　防城港市是1984年经国务院批准，与北海市一起被列为全国14个沿海开放城市，因港而得名，距离首府南宁市160公里左右。1993年5月经国务院批准设立地级市。2012年，全市生产总值457.5亿元，增长

□ 防城港：港口一角

12.5%；财政收入 52.4 亿元，增长 18.1%；规模以上工业实现增加值 199 亿元，增长 19.2%；港口货物吞吐量 1.01 亿吨，增长 11.5%。人均地区生产总值、农民人均纯收入、港口货物吞吐量、外贸进口总额、海关税收、工业经济效益综合指数、更新改造投资增速等 7 项重要经济指标排全区第一。企沙工业区完成工业项目投资 107 亿元，在全区 115 个产业园区中排名第一。目前，防城港在大力发展以重工业为主轴的特色产业群，加快构建粮油加工、钢铁、电力、化工、电子、制糖、制药、特色农产品加工八大工业体系。西部第一个核电站——红沙核电站进入设备安装阶段，沿海钢铁精品基地正式开工建设，金川铜镍项目全面推进，东兴重点开发开放试验区建设已经全面启动。

玉 林 玉林市距离首府南宁 270 公里，总面积 12838 平方公里，其中市区建成区面积 86 平方公里，总人口 691 万，市区人口 119 万。玉林是广西最大的华侨之乡、海峡两岸农业合作试验区和中国沿海经济开放区，也是广西粮食、水果、禽畜主要生产及养殖基地，素为桂东南交通枢纽及工业品集散地，手工业兴盛，商业繁荣。玉林生产的云香精、正骨水和"玉柴"动力机器、"三环"精巧陶瓷等产品驰名中外。2012 年全市实现地区生产总值 1120.48 亿元，增长 11%；规模以上工业总产值突破 1000 亿元，达 1056.4 亿元，增长 14.5%；财政收入突破 100 亿元，达 100.36 亿元，增长 16.9%；金融机构本外币存款余额突破 1000 亿元，达 1042.79 亿元，增长 15.78%。

□ 玉林：云天宫

　　崇　左　崇左市历史悠久，2000多年前是秦朝象郡治所在地，孕育了古老的骆越文明。距离首府南宁110公里，是桂西南诸县的交通枢纽，左江横贯中部，湘桂铁路斜穿南部。西南部的宁明、龙州、大新、凭祥四县市与越南接壤，边境线长533公里，是广西边境线陆路最长的地级市。总面积17440平方公里。有国家一类口岸3个，二类口岸4个，边民互市点13个。全市人口242万，其中壮族人口占总人口的88.3%。石灰石、铁、锰、磷等矿藏丰富。出产甘蔗、花生、黄豆、龙眼、蛤蚧等，还有世界珍稀的白头叶猴。2012年全市实现地区生产总值530.75亿元，比上年增长11.8%，连续9年实现两位数增长；财政收入完成66亿元，同比增长14.5%，总量排全区第九位；规模以上工业增加值实现175.13亿元，同比增长18.8%，增速排全区第六位，创近年来最好水平。

□ **崇左：市区全景**

Pan·Beibu Gulf

附录二 历届泛北部湾经济合作论坛概况

第一届

（2006年7月20—21日）

主题：共建中国—东盟新增长极

议题：1.环北部湾区域合作的未来发展

2.环北部湾区域合作机制的建立与路径

3.环北部湾区域合作的启动与实施

主要成果：发表了《环北部湾经济合作论坛主席声明》，首次提出了构建"泛北部湾经济合作区"，构筑"南宁—新加坡"经济走廊，深化和拓展大湄公河次区域合作，从而形成由"泛北部湾经济合作区"、大湄公河次区域合作两个板块和"中国南宁—新加坡"经济走廊一个中轴构成的"一轴两翼"M型区域合作大格局。

□ 第一届环北部湾经济合作论坛

第二届

（2007 年 7 月 26—27 日）

主题：共建中国—东盟新增长极——新平台、新机遇、新发展

议题：1.泛北部湾经济合作与中国—东盟自由贸易区建设

2.泛北部湾经济合作的机制、产业发展与金融支撑

3.泛北部湾交通、港口、旅游合作

主要成果：宣读了《泛北部湾经济合作研究报告》，并发表了《泛北部湾经济合作论坛主席声明》，深化了对推动泛北部湾经济合作意义的认识，提出了推进泛北部湾经济合作应遵循的三项原则，明确了启动泛北部湾经济合作的重要措施，提出了务实推进泛北部湾经济合作的行动建议。

□ 第二届泛北部湾经济合作论坛

第三届

（2008 年 7 月 30—31 日）

主题：共建中国—东盟新增长极——沟通、合作、繁荣

议题：1.世界经济发展不平衡不确定性背景下的泛北部湾经济合作

2.泛北部湾次区域合作的重点难点和趋势

3.广西北部湾经济区开放开发与泛北部湾经济合作

主要成果：与会各方达成泛北部湾经济合作将进一步推进和加速中国—东盟自由贸易区的进程，并将在提高经济一体化、促进相关国家的经济和社会发展上发挥重要作用的共识。与会各方愿意加强交流和协作，共同努力把泛北部湾经济合作建设成为中国—东盟自由贸易区框架下的新的次区域合作。泛北部湾经济合作联合专家组正式成立并召开第一次工作会议，建议东盟秘书处将本次会议的总结提交将于2008年8月在文莱召开的东盟经济高官会及东盟—中国经济磋商机制审议。

□ 第三届泛北部湾经济合作论坛

第四届

（2009年8月6—7日）

主题：共建中国—东盟新增长极——拓展合作 化危为机

议题：1.全球金融危机与泛北部湾经济合作

2.泛北部湾区域基础设施项目建设与合作

3.北部湾地区与东盟各次区域的合作发展

主要成果：1.形成应对全球金融危机更需要加强泛北部湾经济合作的广泛共识。2.提出加快中国南宁—新加坡经济走廊建设，推动形成中国南宁—新加坡通道经济带，是加强中国—东盟合作和泛北部湾经济合作的迫切需要和战略关键。3.提出应积极利用中国设立100亿美元中国—东盟投资合作基金和提供150亿美元信贷资金，加快泛北部湾区域基础设施建设步伐。4.泛北部湾经济合作机制化建设实现突破。泛北部湾经济合作联合专家组召开第三次

□ 第四届泛北部湾经济合作论坛

工作会议，充分讨论了《泛北部湾经济合作可行性研究报告》，讨论通过了《关于加快泛北部湾经济合作的行动建议》。泛北部湾经济合作中方秘书处正式揭牌成立，秘书处设在广西。

第五届

（2010年8月12—13日）

主题：中国—东盟自由贸易区建设与泛北部湾经济合作

议题：1.中国—东盟自由贸易区建成与中国南宁—新加坡通道建设

2.北部湾对话世界五百强——泛北部湾经济合作中的国际投资与产业发展

3.泛北部湾航运、港口、物流合作

主要成果：总结了泛北合作五周年取得的成绩，分析了中国—东盟自由贸易区建成为泛北合作带来的历史性机遇，对以中国南宁—新加坡经济通道建设为重点，拓展泛北合作的空间和如何通过加快产业发展和航运、港口、物流合作来深化泛北合作形成了一系列共识和观点。论坛期间，广西北部湾国际港务集团与海

口港、广州港、新加坡万邦航运公司、泰国RCL宏海箱运公司、柬埔寨西哈努克港、新加坡裕廊港等签订了合作协议或缔结友好港，推动泛北区域港航物流合作取得实效。泛北部湾相关六国国家智库机构发布了推进"中国南宁—新加坡经济通道"建设联合倡议。

□ 第五届泛北部湾经济合作论坛

第六届

（2011年8月18—19日）

主题： 中国—东盟自由贸易区建设与泛北部湾经济合作

专题峰会： 1.泛北部湾智库峰会——区域联通与跨境合作

2.泛北部湾金融合作峰会——跨境贸易和投资

3.泛北部湾旅游合作峰会

主要成果： 论坛对加强区域联通与跨境合作、扩大跨境贸易和投资以及深化旅游合作形成了一系列新的共识和重要的意见、观点，参会的中国有关银行与外方银行及有关企业共签订13个合作协议和1个合作备忘录，贷款授信总金额达510多亿元人民币。亚太旅游协会、广西、海

□ 第六届泛北部湾经济合作论坛

南、越南、印度尼西亚等地区和国家旅游组织或企业签订了一批相关合作协议。论坛闭幕式上宣布了《泛北部湾经济合作可行性研究报告》，与会的泛北部湾相关国家智库机构发布了《泛北部湾智库峰会宣言》，并签署了泛北部湾智库联合研究机制备忘录。

第七届

（2012 年 7 月 12—13 日）

主题： 泛北部湾区域经济合作与共同繁荣

专题峰会： 1.泛北智库峰会——全球经济再平衡：泛北部湾区域合作与发展

2.泛北城市发展峰会

3.泛北电子信息产业发展峰会

4.中国—马来西亚产业合作峰会

主要成果： 论坛全面深入总结了泛北合作六年来取得的成绩，对如何进一步深化泛北合作提出了很多有见地的观点，对推进泛北区域城市发展合作、电子信息产业合作、产业园区合作等达成了一系列共识，并签署了一批合作协议。1.泛北合作机制建设取得新突破：泛北部湾经济合作联合专家组发布了泛北联合专家组会议最新成果，审议了《泛北部湾经济合作路线图（草案）》和泛北部湾经济合作系列专项合作规划，深入研讨了泛北部湾路线图制定和联合专家组后续行动计划。2.通过本届泛北论坛形成了泛北智

□ 第七届泛北部湾经济合作论坛

库峰会的机制。3.城市合作成为泛北合作的重要载体,签署合作项目6个,总投资24.76亿元。4.推动中马产业园区合作成为泛北合作的典范,对中国—马来西亚产业合作模式、发展重点和方向等方面进行了深入探讨和交流,提出了富有建设性的意见和建议,形成了《中国—马来西亚产业合作峰会声明》。5.电子信息产业拓展泛北合作新领域,签署了电子信息产业项目协议9项,投资总额7.8亿元。

后　记

　　泛北部湾经济合作自2006年7月提出，至今已走过8年。在经济全球化和区域经济一体化不断推进，东盟共同体建设不断深入，中国—东盟战略伙伴关系良好发展的大背景下，泛北部湾经济合作的影响及作用日益凸显。为此，广西北部湾发展研究院组织有关专家、学者以及实际工作者编撰了《释放先导效应　共建海上丝路——泛北部湾经济合作回顾与展望》一书。本书围绕泛北部湾经济合作的发展历程，系统论述了泛北部湾经济合作产生的背景和基础条件，明确了泛北部湾经济合作的内涵外延、地位作用和合作领域，总结回顾了近8年来泛北部湾经济合作的进展情况及发展成效，并在共建21世纪"海上丝绸之路"的新机遇、新起点上对泛北部湾经济合作的前景进行了展望。广西作为泛北部湾经济合作的重要参与方，打造新门户，构建新枢纽是广西在共建21世纪"海上丝绸之路"中的新使命，本书对广西如何发挥服务和先导作用也进行了详尽的分析。

　　本书的编撰工作得到了自治区领导的大力支持和指导；得到了广西社会科学院、广西北部湾经济区规划建设管理委员会办公室的领导和工作人员给予的大力支持和帮助。本书的出版也得到了广西人民出版社领导和各位编辑的大力支持与帮助。在此，对上述协助我们完成本书编写及出版工作的所有领导和同志们一并表示衷心的感谢！

　　本书由吕余生研究员任主编，梁金荣研究员任副主编，主编、副主编进行了整体策划，并为本书设定了框架，进行了统稿和终审。龙裕伟、刘建文、杨鹏、林智荣、冼少华、陈禹静、黄耀东、雷小华、杨超、张磊参加了本书的写作。由于资料收集难度较大，出版时间仓促，疏漏和不足之处在所难免，欢迎广大读者批评指正。

编　者
2014年5月